# 心×技×体×頭＝倉商野球

倉敷商業野球部監督
梶山和洋

竹書房

# はじめに

今、私が監督を務めている倉敷商野球部は、創部90年以上の歴史を誇り、春夏通算15度の甲子園出場（コロナ禍で中止となった2020年のセンバツ含む）を記録している。一般の方々には、プロ野球界の「闘将」として知られた星野仙一監督の母校としておなじみだと思う。

私は本校のOBであり、高校最後の夏の大会（2005年岡山大会）では、キャプテンを務めていた。そして、その大会で私の人生を決める出来事があった。

当時の倉敷商の監督は、1973年から指揮を執っていた長谷川登先生だった。長谷川先生は、この大会を最後に監督を勇退することが決まっていた。

「33年間に渡って倉商に尽くされた、長谷川先生の最後の花道を飾ろう」

これを合言葉に、私たち選手は優勝を目指して夏の大会に臨んだ。

大会の内容は本書の中で詳しくお話しするが、私たちは3回戦で倉敷工にサヨナラ負けを喫し、長谷川先生の最後を飾ることができなかった。この時、キャプテンとして感じた無念、悔しさ、情けなさを言葉に表すのは難しい。試合後のミーティングで、長谷川先生は私たち3年生に「悔いはない」と仰った。長谷川先生の言葉を聞きながら、私は「いつの日か指導者として母校に戻り、チームを甲子園に導くことが俺の使命だ」と心に誓った。

卒業後、私は松山大で野球を続けながら、教員の資格を取って岡山に戻り、２０１７年に商業科の教員として母校に復帰した。以来、副部長、部長として野球部に携わり、２０１９年夏の大会後に前任の森光淳郎先生から監督を受け継いだ。この時、私は32歳だった。

本書で詳しくお話しするが、私が目指すのは「監督がいなくても勝てるチーム」である。岡山を勝ち上がり、甲子園に出場するには、選手たちが「自分で考えて動く」ことのできるチームにならなければいけない。

幸いにも、就任直後の秋季大会で倉商は準優勝して中国大会に進出。そこでも選手たちは快進撃を続け、決勝で鳥取城北に９－７で打ち勝ち、センバツへの切符を手にした（センバツはコロナ渦で中止となったが、交流戦で仙台育英に６－

1で勝利)。さらに2021年には夏の岡山大会を制し、2012年以来となる夏の甲子園出場も果たすことができた。

本書では、私の野球人生を振り返りつつ、今現在、甲子園常連校を目指して私が倉商でどのような野球をしているのかを、具体的にご紹介している。

若輩者の私が本を出すなどおこがましいにも程があると思い、最初に竹書房さんからお話をいただいた際にはお断りしようかと思った。しかしその後、恩師である長谷川先生に相談すると、「それを決めるのはお前じゃない。求められているのなら、それに応えるべきだ」と背中を押していただき、本書を出すに至った。

本書には、私が長谷川先生から学んだ倉商野球の神髄についても、一部だが記させていただいた。もちろん、強豪私学優位の令和という新時代の高校野球を戦っていくにあたって、私なりに手を加えているところはある。だが、甲子園を常に目指す意志に変わりはなく、倉商の基本である「守り勝つ野球」も不変である。また、私たちの野球は、全国の公立校にも参考になるところが多々あるはずと自負している。

倉商野球部は、社会で輝き、貢献できる人材を育てる場でもある。私は現役時代、倉商の野球から、勝利以外に大切なものをたくさん教わった。本書をお読みのみなさんとともに野球の奥深さに浸り、夢や情熱を共有できるこの機会を私は大変うれしく思う。本書が、みなさんの野球への愛と情熱をさらに深め、新たな夢や目標に向かって進む勇気を与える存在となれば、著者としてこれに勝る喜びはない。

# 目次

# 第1章 近年の倉敷商の歩み

## 2019年8月に監督となってから

# 第2章 人生を決めた高校最後の夏

## 幼少期から教員となるまで

## 第3章
# 自分で考えて動く
## 監督がいなくても勝てるチームを目指す

# 第4章 ピッチャーを中心とした守りをまずは固める

第5章

## 倉敷商の野球〈その2〉
## バッティングと走塁&遠征他

序章

# 倉敷商と岡山の高校野球

# 倉敷商野球部の歴史

倉敷商は、1912年（明治45年）に倉敷町立倉敷商業学校として創立された。以来、110年を超える歴史の中で、本校は2万8000人以上の卒業生を輩出してきた。

野球部が創部されたのは、学校創立から20年を経た1931年（昭和6年）のことである。創部当時の本校は、新川町から校舎が新築移転したばかりで校庭も狭く、野球部の練習は主にクラボウ（倉敷紡績株式会社）のグラウンドで行われていた（倉敷中央病院に隣接する位置にあった）。倉敷で唯一の野球部だったため市民の関心も高く、多くの人たちが毎日練習の見学に訪れていたそうだ。

以降、創部から90年間のうち甲子園には春4度（コロナ禍で中止となった2020年も含む）、夏11度出場。最高成績は1989年（平成元年）夏と、2012年（平成24年）夏のベスト8となっている。

倉敷商の名を全国に轟かせてくれたのは、「闘将」として知られた星野仙一さんである。星野さんは中日ドラゴンズのエースとして活躍した後、同ドラゴンズ、阪神タイガース、東北楽天ゴールデンイーグルスなどで監督を歴任し、監督通算勝利数歴代10位の1181勝の記録を作った。

ただ、意外なことに、星野さんは高校時代に甲子園に出場していない。星野さんの1学年下には、ヤクルトスワローズのエースとして活躍した松岡弘さんもいたが、松岡さんも甲子園には行っていない。

当時の岡山県は、岡山東商と倉敷工の「2強時代」と言ってよく、さらに夏の甲子園に出場するには、県で優勝した後に鳥取の優勝校と対戦して勝利する必要があった（この決定戦に勝利したチームが、「東中国代表」として甲子園に出場できた。この東中国代表制は1974年まで続いた）。星野さんと松岡さんという、のちのプロ野球界を代表する大エースふたりの力をもってしても、当時の岡山2強と東中国代表の壁を越えることはできなかったのだ。

ちなみに、本校OBのプロ野球選手は今までに星野さん、松岡さんも含めて9人いる。現役でがんばっているのは、千葉ロッテマリーンズの岡大海、北海道日本ハムファイターズの上川畑大悟、東北楽天ゴールデンイーグルスの引地秀一郎の3人だ。

星野さんたちの悲運の時代を経て、我が倉敷商はしばらく厳しい時代が続くのだが、私の恩師でもある長谷川登先生（現在は倉敷商野球部OB会会長）が1972年に監督に就任すると、その流れが少しずつ変わっていった。

長谷川先生は1973〜2005年までの33年間本校の監督を務め、現在の野球部の礎を築いたまさにレジェンドである。長谷川先生にとって、監督最後の大会となった2005年夏。私は、そのチームのキャプテンだった。後述するがこの大会での敗戦を機に、私は「いずれ倉商に戻ってきて指導者になる」と心に誓った。長谷川先生から教わったことは数知れないが、本書の中で現役時代の思い出などとともにいろいろとお話ししていきたい。

## 「負けない野球」をするために守備を徹底して鍛えた長谷川野球

倉敷商が初めて甲子園に出場したのは、1958年（昭和33年）の夏である。この時は第40回の記念大会ということで、各都道府県から1校ずつ代表が選ばれたため、前項でご説明した東中国代表制ではなかった。

その後、先述したように、本校は悲運の時代となかなか勝ち上がれない長い期間を経て、1973年に長谷川先生が監督に就任。当時は部員も10人程度しかおらず、大会に出ても1、2回戦負けが続いた。長谷川先生は「負けない野球」をするため、選手たちに守備を徹底して叩き込んだ。

長谷川先生が監督となって6年目の1978年夏、本校は久しぶりに県大会の決勝戦進出を果たした。決勝戦では岡山東商に惜しくも2－4で敗れたものの、長谷川先生はこの時に「決勝まで勝ち上がって、初めて甲子園が見えた」そうだ。そして、翌1979年夏に、長谷川先生率いる倉商ナインは21年ぶりの甲子園出場を果たす。以降、長谷川先生は監督在任中に本校を春夏計7度、甲子園に導くのである。

前項で述べたように、本校は甲子園には春が4度、夏は11度出場している。しかし、春のセンバツだけはいずれも初戦敗退を喫していて、甲子園で勝利を挙げたことがまだ一度もない。

私が監督に就任した2019年の秋、私たちは創部以来初となる中国大会優勝を果たした。この時の詳細は追ってお話しするが、それまで私たちは秋の県大会こそ勝ち上がってはいたものの、その先の中国大会でなかなか上位進出を果たせないでいた。

走攻守、すべてにおいて基本から徹底して鍛え上げ、夏に仕上げるというのが倉商の昔からのスタイルである。強豪私学のように有力選手を集められればいいが、うちは公立なので集まってきた選手たちを鍛え上げるしかない。

長谷川先生がその礎を築いた倉商の野球は、「心技体」の「技体」を「頭（頭脳）」でカバーしていこうとする部分がとても大きい。「技体」に優れる強豪私学を倒すには、それぞれが頭脳を磨いて野球を研究し、相手の裏をかいたり、相手の想像を上回る戦術・戦略を繰り出したりして勝つ確率を高めていくしか道はない。「心技体」と「頭」を鍛え、磨き上げるのはとても時間がかかる作業のため、新チームが立ち上がったばかりの秋に間に合わせるのは難しいのだ。

また、選手層が厚いとは決して言えないので、できれば1~3年の3学年が揃った状態で戦いたい。もう1枚ピッチャーが欲しい、もうひとり外野手が欲しい。そんな時、1年生が入った後なら、足りないピースを埋められる可能性も生まれる。私たちは今まで、このように3学年の力を結集させた総合力で、強豪私学と渡り合ってきたのである。

## 岡山の勢力図の変遷
### ――創志学園にあの門馬敬治監督がやってきた

先ほども述べたが、偉大なる先輩である星野さんが高校生だった1960年代の岡山は、「甲子園に行きたいなら岡山東商か倉敷工に行け」という2強時代だった。県内での倉商の位置づけは、その2強に次ぐ3番手、4番手。その後、私立勢として関西、岡山理大附といったところが新勢力として台頭し始め、1990年代以降になると岡山城東や体育科のある玉野光南などの公立勢も、甲子園出場を重ねていった。私が現役だった2000年代中盤には、関西が5季連続甲子園出場を果たし、まさに黄金期を築いていた。

2011年には、創志学園が創部1年目にしてセンバツ出場という偉業を成し遂げた。この時、創志学園を率いていたのは、鹿児島の神村学園で甲子園準優勝経験を持つ長澤宏行監督である。創志学園は前年の秋季岡山大会で準優勝（優勝は関西）となり、その後行われた中国大会でも勝ち上がって決勝進出。決勝の相手は県大会同様、関西だった。

翌年のセンバツには中国大会優勝校の関西、準優勝校の創志学園ともに選ばれるのだが、実は県大会の1回戦で本校は創志学園と対戦して3－5で敗れていた。本校は夏の甲子園に出場した直後で、当時の監督だった森光淳郎先生は「チーム作りが遅れて、うちが創志学園に勢いを与えてしまった」と仰っていた。

近年は創志学園に加え、おかやま山陽、岡山学芸館といった私立勢が上位進出の常連となっている。

長澤監督率いる創志学園とは、私も県大会の準決勝、決勝でたびたび顔を合わせてきた。創志学園の「勝ちへの執念」はものすごく、私たちも見習うべき点が多々ある。だからこそ彼らと戦う前には、入念な準備をして試合当日に臨むようにしていた。

そんな好敵手である創志学園の監督が、2022年8月から代わった。長澤監督の後を受けて新監督に就任したのは、東海大相模で春夏4度の全国制覇を達成した門馬敬治監督である。

門馬監督は東海大相模時代に「アグレッシブ・ベースボール」を掲げ、相手の隙を逃さず、果敢に次の塁を狙う攻撃的な野球をしていた。

門馬監督の就任直後、私のところに創志学園部長の大長先生から「練習試合をしてもらえませんか?」という電話が入った。「門馬先生からのお願いですか?」と私が問うと、「もちろんそうです」とのことだった。この時、就任早々県内のライバル校である本校に、練習試合の話を振ってくる門馬監督の行動力に私は感服した。心のどこかで「探りを入れてきたのか?」と思ったりもしたが、私としては全国に名を馳せる名将の「アグレッシブ・ベースボール」を一度体感してみたかったので、その申し出をありがたくお受けすることにした。

試合後、門馬監督は開口一番「こういう熱い試合がしたかったんだよ」と言った。そして「お互いに切磋琢磨して、岡山のレベルを上げていこう」とも話していた。

私は門馬監督と話をしている時、「どこまでしゃべっていいのかな?」と考えながら会話をしていた。しかし、門馬監督は試合でも、会話でも、今のありのままの姿をさらけ出しているように見えた。私は、門馬監督と自分の器の違いを痛感した。

創志学園は高いポテンシャルと勝利への執念、ハートを持っている。一方、うちはポテンシャルでは劣るが、ハートは五分だと思っている。あとは、本校の野球のベースである「頭」でどれだけカバーできるか。そこを鍛えて、創志学園に太刀打ちできるようにがんばっていきたい。

名将からの教え①

## 明徳義塾・馬淵史郎監督

高校野球界を代表する名将として知られる馬淵史郎監督が率いる明徳義塾とは、毎年春秋の2回、練習試合を行うことが恒例となっている。U18侍ジャパンの監督も務めておられる馬淵監督からは、対戦するたびにいろんなことを教えていただいている。

馬淵監督の野球は、選手のポテンシャルに一切頼っていない。厳しい野球で選手を鍛え上げ、負けないチームを作っておられる。これは、私の恩師である長谷川先生の野球観やチーム作りとも非常によく似ている。ある時、失礼は百も承知で私は「馬淵監督の野球は、私たち公立にもできますよね」と聞くと、馬淵監督は笑いながら「そうやで。うちは公立の星や」と仰った。明徳義塾の野球は私立なのだが私立っぽくなく、公立のような野球をする。そして、その質がとてつもなく高い。だから、甲子園でも勝てるのだ。

馬淵野球を表す上で、とても印象的だったエピソードをご紹介したい。

明徳義塾と練習試合をした次の日、兵庫の明石商と練習試合をすることになっていた。その時の明石商のエースは甲子園でも活躍し、卒業後は千葉ロッテマリーンズにドラフトで2位指名された中森俊介投手だった。私は馬淵監督に「中森はどうやったら打てますか?」と聞いた。すると馬淵監督は「あんなの打てるわけないやろ」と言った後、点をやらなければ中森も人間だから焦ってくる。そこに付け込む隙が生まれる。だから、点をやらないことだけを考えて試合をしろと続けた。

全国レベルの優れたピッチャーと対戦した時は、守って守って耐え忍び、相手が崩れるのを待つ。馬淵監督は、それを「耐えて勝つ」と表現した。この「耐えて勝つ」野球を実践するには、チームの守備力を徹底的に鍛えなければならない。小手先の技術だけあっても、あるいはポテンシャルだけあっても、到底「耐えて勝つ」野球はできないのである。

どんな相手であろうとも、ピッチャーを中心とした守備重視の野球で勝つ。これができれば、全国レベルの強豪でもロースコアの展開に持ち込み、最後に勝ちをさらう戦いが可能となる。ここに、明徳義塾の強さがある。そしてその野球は、私たちのような公立校でも実現可能だ。そういった意味では、明徳義塾はまさに私たち公立の星であるといえる。

実は私が監督に就任した2019年以降、明徳義塾との練習試合でダブルヘッダーの1試合目では負けたことがなかった。しかし、去年（2022年）の5月、私は監督として初めて明徳義塾に1試合目で負けた。

1－1の拮抗した展開だった。私は序盤から送りバントを3度仕掛け、そのうち2度セカンドでアウトにされた。6回、ノーアウト・ランナー一塁の場面で私は3度目の送りバントを仕掛け、これが成功したものの得点にはつながらなかった。7回にもランナー一塁となったが、今度は送りバントではなくエンドランを選択した。なかなか点の入らないじれったい試合展開に、辛抱しきれなかったからだ。しかし結果は、セカンドゴロでゲッツーに終わってしまった。

同じく7回、明徳義塾にもチャンスが巡ってきた。好投を続けていたうちのエースピッチャーが、2連続四球を出してノーアウト・ランナー一二塁となった。私は、ストレートが浮いてきていたエースを潮時だと思い、ここで継投策に入った。すると交代したピッチャーが打たれ、そのまま負けてしまった。

試合後、馬淵監督から「我慢せーよ」と言われた。「どういうことですか?」と聞くと、あれだけ徹底して送りバントをするのは、それはそれでありだと。だから、7回もエンドランではなく、バントを選択するべきだったと。また、うちの先発ピッチャーもがんばって粘投していた。エースなんだから、2連続四球くらいで代えるなと。このふたつを合わせて、馬淵監督は「我慢せーよ」と仰ったのだ。

この試合のような接戦では、お互いベンチの我慢比べなのだと馬淵監督は教えてくださった。

「根負けしたほうが負けるんじゃい」

毎回毎回、馬淵監督からは教わることばかりである。この場を借りて、馬淵監督に御礼を申し上げたい。

名将からの教え②

## 作新学院・小針崇宏監督

私は、昔から監督や先輩方の話を聞くのがとても好きだった。諸先輩方から話を聞くことで、自分の野球の知識も深まる。長谷川先生は話の長いタイプだったが、私はミーティングなどが長引いてもまったく苦にならなかった。長谷川先生が提示してくださる新たな野球観に触れて、毎回感動していたのだ。

「いろんな学校の監督さんの話を聞いてみたい」

そんな考えから、私は教員になって以降、とある野球の勉強会に参加している。

それは、広島商の監督として多くの野球人を育ててきた故・畠山圭司さんが立ち上げた野球の勉強会「如月会」（年に1回開催されている）である。

私が本校野球部の部長だった2018年2月、如月会が栃木で行われた。私はせっかく栃木に来たのだから、作新学院に寄らない手はないと考え、勉強会が終わったその足で小針崇宏監督を訪ねた。

2012年のセンバツ1回戦で、倉敷商は作新学院と対戦している。その時、私は大学を卒業したばかりで、本校の講師としてソフトボール部のコーチを務めていた。甲子園にももちろん応援に行ったのだが、結果は3－7で敗れた。当時、小針監督はまだ28歳の若さだった。

その後、作新学院は2016年夏に全国制覇を成し遂げた。日本一になったことのある監督さんの話を聞きたい。その一心で私は作新学院に押し掛けたわけだが、事前に森光先生が連絡を入れてくださっていたこともあり、小針監督はどこの馬の骨ともわからない私を快く迎え入れてくれた。

作新学院のグラウンドに到着して驚いたのは、公立である本校とそれほど環境が変わらないという点だった。

野球部のグラウンドは両翼90ｍほどで、室内練習場はなかった。雨の日の練習では、校舎の階段を走らせたりしていると聞き、うちと同じだと思った。ウエイトトレーニング場もあるが、全部活の共用だという。私たちと作新学院は、環境面でとてもよく似ていた。しかし、それでも作新学院は甲子園でチャンピオンになった。

普段、選手たちを指導するスタッフは、小針監督と岩嶋部長のふたりのみ。スタッフ数では、うちのほうがはるかに充実している。小針監督に環境面の話を伺っているうちに、私は何だか恥ずかしくなってきてしまった。

自分は今まで「私学はいいよなー」と環境のせいにしていなかったか？「もっと設備が充実していれば」「グラウンドがもっと広ければ」と言い訳ばかりしていなかったか？

私はその事実に気づき、とても考えさせられた。

高校野球ファンの方はご存じのように、小針監督はバントを滅多にしない。私たち指導者は、得てして自分が高校時代にやらされた野球をしようとするケースが多いが、小針監督はそうではなかった。

小針監督の指導ぶりを脇で拝見しているうち、私は小針監督がなぜバントをしないのかがわかったような気がした。

小針監督の指導は、「選手に教えてやっている」という感じがまったくしない。もっと言うと、小針監督が「監督」という感じではなく、「近所に住んでいる先輩が野球を教えに来ました」というくらいのノリに見えた。巷には「俺が教えてやる」「俺が勝たせてやる」と、上から目線で自分の考えを押し付けてくる指導者も少なくない。

でも、小針監督の指導の仕方、選手へのアプローチ法はまったく違っていた。指導している時間より、観察している時間のほうが長い。小針監督の姿を見ながら、あれもこれも手取り足取り教えるのが指導ではないのだと私は教わった。そして、選手に自分の考えを押し付けるだけなのは、よくないことなのだと思うようになった。

グラウンドの小針監督は、自分の野球を選手たちに押し付けるようなことが一切なかった。「今、選手たちのためにどうするべきか」を常に考えていた。そこで私は、ハッと気づかされた。私の今までの指導は、「自分がどう指導したいのか」という感じで主体が自分にあった。しかし、小針監督の指導は主体が常に選手の側にあったのだ。この違いに気づき、私は自分の愚かさを知り、自分を見つめ直した。

だから私は今、倉商の置かれた環境にとても感謝している。今ある環境で十分。いや十分すぎる。選手、スタッフ、応援してくれる学校関係者、保護者のみなさんに感謝しながら、甲子園で勝てるチームを作っていきたいと思う。それが監督である私の使命であり、役割なのだ。

第1章

# 近年の倉敷商の歩み

## 2019年8月に監督となってから

## ２０１９年秋、監督就任後
## 初の県大会に臨んで中国大会に進出

２０１９年８月、私は前任の森光先生から引き継ぎ、正式に監督に就任した。そして、監督として初めて臨んだ秋の県大会で私たちは順調に勝ち上がり、決勝戦で創志学園に５－９で敗れたものの中国大会出場の権利を手にした。

２０１７年、２０１８年と、私たちは連続で秋の中国大会進出を果たしていたが、いずれも初戦敗退だった。３度目の正直となる２０１９年。私は初戦がポイント、鬼門になると睨んでいた。

抽選の結果、１回戦の相手は鳥取の境に決まった。選手たちには「初戦が大事だ。決勝だと思って戦おう」と話した。目指すは完全燃焼。しかし、大事な試合だからこそ、私は遊び心も必要だと思った。

１回戦の会場は「コカ・コーラボトラーズジャパンスポーツパーク野球場」（２０２１年４月から「ヤマタスポーツパーク野球場」に改称）だった。そこで、私は選手たちに「打点を挙げたらコカ・コーラや！」と約束し、打点を挙げた選手にはベンチ内ですぐにコカ・コーラを渡していた。

先発の福家悠太は夏まで内野手で、本格的に投球練習に取り組んだのは新チームとなってからだ。それなのに、福家は予想以上のすばらしいピッチングを見せ、14奪三振の完封勝ち。うちは4本しかヒットを打っていないのに、鬼門である初戦を取った。

2回戦（準々決勝）は島根の矢上と対戦した。矢上のピッチャーは、球威はそれほどでもないもののコントロールがよかった。初戦に続いて先発した福家は、コントロールに苦しみ5回終了時点で7個のフォアボールを献上。7回終了時点で、私たちは2－4で負けていた。しかし、2点のビハインドとなったことで逆に腹をくくることができた。

新チームとなってから、私たちは練習試合で「終盤の7～9回に点を取れるチームになる」を合言葉に戦ってきた。10－0で勝っていたとしても、手綱を緩めず終盤に1点でもいいので加点する。実際にそういう試合をずっと続けてきていたので、8回の攻撃前に私は選手たちに「お前らはずっと、こういう試合で勝ってきたから大丈夫だ。自分たちを信じろ」と話した。すると、キャプテン・原田将多のタイムリーが飛び出して逆転に成功。9回に追い付かれて延長戦に入ったが、延長10回表に原田が今度は勝ち越し3ランを放つ。しかし、その裏によもやの3失点で再び同点。最後は延長11回表にうちが1得点して、辛くも10－9で逃げ切った。

## 創部以来初となる秋の中国大会優勝！

準決勝の広島新庄戦も延長の大接戦となったが、11回表にここでも原田が満塁から走者一掃の三塁打を放ち、延長戦を制した。ここまで苦戦の連続だったので、試合前からもつれる展開になることは予想していた。でも、終盤になってもベンチに焦りはなく、選手たちの表情も「最後には、自分たちが勝っている」という自信にあふれていた。

大事な準決勝ということで、実はここでも私は遊び心を入れていた。準決勝と決勝の会場は「どらやきドラマチックパーク米子」内にある米子市民球場だった。初戦のコカ・コーラのように、普通なら「どら焼き」を発想するのだろうが、2回連続しての「にんじんぶら下げ作戦」では面白くないと思った。そこで私は、ドラえもんのぬいぐるみを用意することにした。

試合当日、球場に入ってから選手たちに「どら焼きといえばなんや?」と聞いた。すると、選手たちは口を揃えて「ドラえもんです」と答える。そこで私は、待ってましたとばかりにドラえもんのぬいぐるみを取り出し、「そうや。ドラえもんはここの神様や。だから今日は打席に入る前に、この〝ドラえもん様〟にお祈りしてから行け」と言った。

この〝ドラえもん様〟効果もあってか、私たちは中国大会の決勝進出を果たした。ここまでの戦いを振り返ると、決勝進出の一番の立役者は原田である。原田は、私から見ても野球に愛されている男だといえた。普段から誰よりも真面目に練習に取り組み、チームメイトからの信頼も厚かった。彼は今、上武大野球部の3年生としてがんばっている。この前の冬もうちのグラウンドに来て、後輩たちに内野の動きを指導してくれていた。

当時の原田はショートを守っており、打順は2番を担っていた。私の目指す野球では、2番バッターが肝である。バント、エンドランなど小技が何でもできて、広角に打ち分ける技術も持っている。心技体+頭、すべてに優れた原田のようなキャプテンがいる時、チームは間違いなく強くなる。チームが苦しい状況にある時に、期待通りの、いやそれ以上のことをやってくれるのが一流である。一流の選手は想像を超え、二流は想像通り、三流は想像以下なのだ。

決勝戦前夜、私は対戦相手である鳥取城北の試合の映像を見た。この時の鳥取城北は打のチームで、破壊力抜群。私は相手打線の映像を見て「これは勝てん」と感じ、見れば見るほど勝つイメージが損なわれていくので、あえて途中で見るのをやめた。あえて見るのをやめたのは、所詮は高校生なので明日にはまた違った姿になっているはずだ、という考えもあったからだ。もちろん、選手たちにも映像は見せなかった。

そして迎えた決勝戦。ふたを開けたら序盤からうちの打線が爆発して、9－1の大量リードとなった。しかし、中盤にさすがの鳥取城北打線の猛攻にあい、9－7の2点差にまで詰め寄られた。私は「早く9回が来い」と祈るような気持ちだったが、うちの持ち味である固い守備で逃げ切り、私たちは倉敷商として記念すべき秋の中国大会初優勝を飾った。

前任監督の森光先生が育てた1・2年生たちとともに、私はセンバツ出場の権利を手に入れた。「森光先生と引退した3年生たち、みんなで一緒に甲子園に行こう。そのためには、センバツしかないぞ」と新チーム結成時から言っていたので、試合終了後はうれしさよりも有言実行できた安堵感でいっぱいだった。

この時点では、翌春のセンバツのことはもちろん、全国各地区大会の勝者が集う明治神宮野球大会のことなどまったく考えてもいなかった。試合後、先輩スタッフから「次は健大（高崎）やで」と言われたのだが何のことかさっぱりわからず、だいぶ経ってから神宮大会の初戦で関東代表の健大高崎と当たると知った。

ちなみに、この中国大会で大活躍してくれた〝ドラえもん様〟は、今も監督室に鎮座している。次はいつご登場願うか、思案しているところである。

中国大会で大活躍してくれた“ドラえもん様”

## 明治神宮野球大会で初戦敗退も手応えを得る

倉商にとっても、私にとっても、選手たちにとっても初めての明治神宮野球大会。明治大出身の森光先生から「神宮球場は守備時に逆光になるから、サングラスがいるぞ」とアドバイスをいただいたが、それ以外はどう戦うべきか、まったく見えていなかった。

センバツを見据えて、すべてを出さずに戦ったほうがいいのか？　優勝を目指して、初戦から全力投球で行くのか？　私には、神宮大会の正しい捉え方、戦い方がわからなかった。熟考を重ねた末、原点に立ち返り「どんな試合だとしても、どんな相手であっても負けるわけにはいかない」と結論づけた。相手は関東チャンピオンの健大高崎である。ここでどう戦うかが、センバツに向けての試金石となる。選手たちにも「ベストを尽くして勝ちに行くぞ」と伝えた。

健大高崎の関東大会での戦いぶりを調べると、スクイズを多用してくることがわかった。とくにセーフティスクイズが多かったので、私たちは事前にスクイズを阻止するための内野守備練習を徹底して行い大会に臨んだ。

この時の神宮大会は、始まってから50回目となる記念大会だった（ただし、高校の部は第4回大会から始まったそうである）。

健大高崎は、群馬県大会3位から関東大会の頂点を極め、勢いに乗っていた。しかし、私たちも、岡山県2位から2試合の延長戦を制して中国地方代表の座を手にしたのだから、勢いでは負けていない。接戦に持ち込めば勝機はある。自分の中ではそう踏んでいた。

私たちは再三のピンチを迎えながら、5回のノーアウト・ランナー一三塁のピンチに先発の福家からサウスポーの永野司（1年生）に継投した。これは、相手のセーフティスクイズを外すための継投である。

スクイズを阻止するには、三塁ランナーに飛び出してもらわなければならない。相手は左バッターだったので、アウトコースにスライダーを外す。そうすると、バッターはボールを追いかけるので、ランナーも「セーフティスクイズをやるのかな？」と考える。キャッチャーが立ち上がり、あからさまに外しにかかるとランナーは飛び出してくれない。キャッチャーが座った状態でボールを外すのがポイントなのだが、事前の対策が功を奏して三塁ランナーを殺し、私たちはこのピンチを無失点で切り抜けることができた。

試合は拮抗した展開が続き、1－1で延長タイブレークに突入した。10回表、健大高崎の攻撃で、うちは内野のミスをきっかけに満塁ホームランも浴びるなどして大量6失点。裏の攻撃で私たちは得点できず、1－7の初戦敗退となった。

私はスクイズ対策の練習はしたものの、タイブレーク対策の練習はしていなかった。これは、私の経験不足からくる準備不足が招いたものであり、選手たちには申し訳ないことをしたと思う。

10回表、健大高崎はノーアウト・ランナー一二塁からバスターを仕掛けてきた。それがピッチャーゴロとなり、うちとしては「しめた、ゲッツーだ」と思ったのだが、ピッチャーの送球を受けた二塁手がエラーをしてしまい、それが大量失点につながった。

あのプレーがゲッツーになっていれば、試合はもっと違った展開になっていたかもしれない。たったひとつの、何気ないプレーで流れは大きく変わる。私も反省するが、みんなも反省して、来年のセンバツにつなげよう。試合後のミーティングでは、そんなことを選手たちに話したと記憶している。

負けはしたものの、関東チャンピオンと9回まで1－1で対等に渡り合えたのは、大いなる収穫だった。8回裏、うちはノーアウト・ランナー二塁のチャンスがあった。ここで私はバッターにバントをさせ、1アウト・ランナー三塁の状況にしようと思った。健大高崎も警戒して、一塁手がバントシフトを敷いてプレッシャーをかけてくる。

ところがここで、うちのバッターがファースト側にバントを転がしてしまい、二塁ランナーは三塁でタッチアウト。この時、バッターが三塁側にバントを転がせなかったのは、ひとえに私の指導の甘さである。普段の練習からこういった細かい部分をしっかり鍛えておかないと、大一番でほころびが生じ、取り返しのつかないことになる。健大高崎との一戦から、私は監督として大事なものをたくさん教えてもらった。

実はこの時、私たちの試合の後に明徳義塾対星稜戦が第2試合として組まれていた。しかも、馬淵監督とはご縁があるのか、同じ一塁側ベンチだった。試合後、ベンチ裏に控える馬淵監督にご挨拶すると「惜しかったねー。あのバントが成功してたら勝ってたねー」と慰めの言葉をかけていただいた。馬淵監督は、本当にありがたい存在である。

## センバツ中止
### ——夏の独自大会で優勝

神宮大会を終え、関東チャンピオンと9回まで互角に渡り合えたことで、私たちがやってきたことの方向性は間違っていないと確信できた。あとはセンバツに向けて、一つひとつのプレーの質と精度を高めていくことが重要となる。シーズンオフには体だけでなく、頭を鍛える時間もある。倉敷商の甲子園最高成績である「ベスト8」を越えるために、それぞれがテーマを持ってしっかりやっていこうと選手たちにも伝えた。

余談だが、指導陣の中でも冬の練習に関して意見を出し合った。そこで「振る力がないと甲子園では勝てない」という意見が出て、「では、どれだけ振ったらいいのか?」とみんなで話し合った。そこで結論は「1日1000本」となったのだが、日頃からチームの打撃指導を一任している伊丹健部長から、「大先輩にあやかって1001(仙一)本にしよう」と意見が出て「仙一メニュー」が決定した。この話はキャッチーだったこともあって、センバツ前にいくつかのメディアでも取り上げていただいた。

こうして私たちは、センバツに備えて猛練習のオフを過ごしていた。ところが、みなさんご存じのように開幕直前の2020年3月11日、新型コロナ感染拡大の影響により、センバツ史上初の開催中止が発表された。

あの時、すぐにマスコミが取材に来たのでグラウンドで対応した。学校は休校となっており、部活動も禁止されていた。誰もいないグラウンドでの取材中、「梶山監督は今後もセンバツにチャレンジできますが、3年生の選手たちはそれができません。そのことに関してどう思われますか?」という質問があった。私は絶句してしまった。「そんな質問しないでくれよ」と内心思ったが、3年生たちの顔が次々と頭に浮かび、自然と涙があふれてきた。

その取材が終わった後、私は選手たちに自分の思いを伝えた。

「中止を悔いてもしょうがない。とにかく夏に向けてやるしかない。勝ったのに甲子園に行けないなんて、お前たちと出場予定だった学校の選手たちしか経験していない。夏に向けて、いい発憤材料をもらったと思って、いい練習をしていこう。そして夏、優勝を目指そう」

私のグラウンド取材の放映に対して即座に反応したのが、キャプテンの原田だった。原田はこんなメッセージをみんなに送ってきた。

「切り替えてがんばろう！　一番落ち込んでいる梶山監督をみんなで盛り上げていこう」

原田のメッセージを読んで、また涙があふれてきた。教え子ながら「こいつはすごいな」と思った。そして、私はこう返した。

「俺は落ち込んでねーし」

休校が明けても、度重なる感染拡大などで練習が満足に行えない状況が続いた。しかし、それは我が校だけの問題ではなく、全国の学校はどこも似たような状況に置かれている。わがままは言っていられないし、コロナを恨んでもしょうがない。自分たちにできることをやっていこう。できる時にベストの練習をしよう。

とにかく、自分たちのベストをやり続けよう。私は、選手たちにそう言い続けるしかなかった。

## 夏の甲子園も中止に
### ――しかし交流試合で仙台育英に勝利

「さあ、夏に向けてがんばるぞ」と言い始めた矢先の2020年5月20日、センバツに続いて夏の甲子園も中止になることが決まった。その後、各都道府県の高野連では、3年生たちに最後の晴れ舞台を用意するため、独自の地方大会を開催することになった。

夏の甲子園の中止も決まった時、私は選手たちにかけてあげる言葉が見つからなかった。私が口でどう言おうとも、本当の意味で彼らの気持ちを理解した発言にはならない。センバツの中止が決まった後の取材で、記者から聞かれた言葉が頭に蘇った。私はこれからもチャレンジできるが、3年生はもう二度と甲子園にチャレンジできないのだ。

私は3年生たちに「同情、慰め、その他のどんないい言葉をかけようとも、お前らの心に本当の意味で寄り添うことはできない」と正直に言った。そして、こう続けた。

「だけど、公式戦において倉商のユニフォームを着て負けるわけにはいかない。だから、独自大会は絶対に勝とう」

3年生たちは、独自大会ですべての思いをぶつけるように戦った。決勝の相手は創志学園。6回に6得点すると、その後も毎回得点を積み重ね、私たちは11－1で独自大会優勝を勝ち取った。

この独自大会が始まる前の6月、春のセンバツに出場予定だったチーム同士による交流試合を、8月に甲子園で行うということが日本高野連から発表された。抽選の結果、対戦相手は仙台育英に決まった。

学校関係者と家族しか観戦できないものの、選手たちは甲子園でプレーできることを素直に喜んでいた。私は選手たちのうれしそうな表情を見て、少しだけ救われた気がした。

現役高校時代に甲子園を経験していない私にとって、交流試合とはいえ、この時の甲子園の経験は大きな財産になった。第2試合以降の試合開始前、チームは球場の室内練習場で3時間ほどを過ごす。それほど広くはない室内練習場で、どのように過ごしたらよいのか。選手たちが心身ともにいい状態で試合に臨むには、この室内練習場での準備がとても重要となる。それがわかっただけでも、私にとっては大きな収穫だった。

仙台育英戦を迎えるまでに、私は知り合いの監督さんに電話をかけまくって、いろいろと情報を集めた。そこで出てきた話は「140キロを投げるピッチャーが10人くらいいるらしい」「しかも左右揃っている」「めちゃくちゃ打つバッターがいる」「足が速い」など、こちらが自信喪失するようなものばかりだった。

そんな中、何人かの監督さんから「仙台育英はエンドランを多用してくる」という話を聞いた。実際、私たちも出場した前年の神宮大会の仙台育英戦（対天理）の映像を見ると、たしかにエンドランを多用してくる印象を持った。

たぶん私たちが相手でも、仙台育英はエンドランを仕掛けてくるだろう。しかし、うちにはそんな相手に対して、意識して空振りを取ったり、フライを打ち上げさせたりできるレベルのピッチャーはいない。であるならば、私がその時々の状況で判断して、バッテリーにピッチドアウトのサインを出して外せばいいと考えた。高校、大学、その後の指導者と野球を続けてきた中で、私はそのための探究を積んできた。バッテリーには「その時になったらサインを出すから。俺を信じろ」と伝えた。

実際の試合では、仙台育英が仕掛けてきたエンドランを阻止することができた。エンドランのサインが出たのは2回。具体的な説明は差し控えるが、あらゆる条件からここはエンドランで来ると読み、ピッチドアウトを選択。一塁ランナーは走り、バッターは振れず、挟殺プレーになってランナーを殺した。

中盤の4回に仙台育英に1点を先制されたものの、その直後のうちの攻撃で2アウトから4、5番の連打で同点とし、5回に押し出し四球で勝ち越しに成功。その後、7回に打線が爆発して4本の長短打で3点を奪い、6－1と点差を広げて勝負を決めた。

この試合では福家が先発、その後4回からは2年生の永野につないだ。チェンジアップ＝奥行の福家と、スライダー＝横を使う永野の継投を事前に考えていたからだ。福家が得意とするチェンジアップを低めに集められれば、仙台育英の超

対仙台育英
6-1
勝利

強力打線も抑えられると私は踏んでいた。福家にはこの日のために、速いチェンジアップと遅いチェンジアップの2種類を習得させていた。こうして走攻守すべてが噛み合い、私たちは仙台育英に勝利することができた。ちなみに永野は卒業後、法政大（現在2年生）に進んでプロ入りを目指してがんばっている。

## 2021年夏、県大会準々決勝からすべて大接戦

2020年夏の交流試合が終わって、新チームとして臨んだ秋の大会。私たちは準々決勝で創志学園と当たり、4－5で敗れた。

満を持して臨んだ翌2021年春の大会では、決勝まで勝ち進んで再び創志学園と対戦。エースの永野が本調子ではなかったため登板せず、私たちは2－14の大敗を喫した。

永野たちの学年は、私が監督となった時に1年生だった代である。彼らにとって最後の夏。抽選の結果、最大のライバルである創志学園とは準決勝で当たる組

み合わせとなった。当然、万全の状態で永野を創志学園戦にぶつけたい。そのための登板プランを練り、私は夏の大会に備えた。

初戦の2回戦、続く3回戦と私たちは無難に勝ち上がり、4回戦（準々決勝）の相手は強豪・関西に決まった。

関西戦は苦しい試合展開となり、私たちは2－3の1点ビハインドで9回表、最後の攻撃を迎えた。この回の先頭打者、キャプテンで3番の山下周太が四球で出塁すると、この日当たりのなかった4番・藤森旭心が、ライトの頭を越える二塁打でノーアウト・ランナー二三塁。一打逆転のこのチャンスに、5番・西川恭輔が大きめのレフトフライを放ち三塁ランナーが生還して同点となったのだが、この時キャッチャーが返球を後ろに逸らした。二塁ランナーだった藤森は、このエラーを見逃さず一気にホームを狙い、間一髪セーフで私たちは試合を引っくり返した。

この試合で、永野は5回からリリーフとして登板した。試合後、スコアブックを見ると永野の球数は71球だった。実は試合前、山本浩之トレーナーに「永野は今日、何球までだったら、創志学園戦にベストな状態で投げられますか？」と聞き、70球までなら大丈夫との返答を得ていた。

だからスコアブックで71球を確認した後、私は選手たちに「プラン通りに来ているから、これで甲子園に行けるぞ」と言った。この夏の大会は、私の思った通りの展開で進んでいた。だから、間違いなく甲子園に行ける。あとは、選手自身が自分たちの力を信じられるかどうか。そこにかかっていると、私は彼らに語りかけた。

中一日空いて行われた準決勝の創志学園戦。楽な戦いはできないと覚悟していたが、3－3のまま試合は延長戦に入った。延長戦でも永野がひとりで投げ切り、11回裏にうちは2アウト・ランナー二塁の一打サヨナラの場面を迎える。ここで、バッターはピッチャーの永野。ベンチは「頼む、永野」と祈るような思いで戦況を見守っていた。だが、ヒットを打って試合を一刻も早く終わらせたい、と一番思っていたのは永野だったかもしれない。そして、永野はみんなの思いに応えるヒットを放ち、私たちは最大の強敵を相手に劇的なサヨナラ勝ちを収めた。

この大会での誤算といえば、延長戦となった準決勝で永野が180球を投げたことだった。日本高野連が設けている「ひとりの投手が投球できる総数は1週間

500球以内」の球数制限に引っかかるわけではないが、決勝戦に向けて本当は120球前後で終えてほしかったというのが本音だった。

## 9年ぶりの夏の甲子園出場

### ――智辯学園に3‐10で敗戦

準決勝から中一日空いた決勝戦の相手は、おかやま山陽。試合前の投球練習などを見ても、永野にはやや疲れが見えた。初回に永野はいきなり2点を取られるも、裏の攻撃ですぐに3点を返して逆転。

おかやま山陽の大槇優斗投手はプロからも注目されるすばらしいピッチャーで、140キロ台後半のストレートを投げていた。「なかなか得点するのは難しいだろうな」と感じていたが、初回のうちの攻撃は四死球や押し出し、内野のエラーなど、ノーヒットで逆転したものだった。今こうしてあの試合を振り返ると、初回に逆転できたのがとても大きかったように思う。

その後はシーソーゲームの展開となり、7回表に5‐6と相手に勝ち越された。

でも、私も選手たちも「あと3回攻撃がある。まだまだいける」という余裕があった。おかやま山陽は、準決勝まですべてコールドで勝ち上がっていた。逆に私たちは準々決勝、準決勝とともに大接戦。

「もつれた戦いになれば、うちに分《ぶ》がある」

私のそんな読み通り、7回裏にすぐ同点に追い付き、9回裏はノーアウト・満塁から押せ押せの状況で3番・山下がセンター前へ弾き返し、私たちは2012年以来となる夏の甲子園出場を決めた。

久しぶりの夏の甲子園。初戦の相手は、奈良の強豪・智辯学園となった。実は、永野が1年生の時の9月に智辯学園とは練習試合をしており、私たちが勝っていた。だから、とくに智辯学園を意識することはなかったのだが、甲子園優勝経験もある常連校の智辯学園とうちとでは、「甲子園の経験値」が違う。その点が、私にとっての懸念材料だった。

あの時の智辯学園には、1年生の頃から活躍していた左腕・西村王雅と右腕・小畠一心のWエースがいた。打線にも、甲子園経験の豊富な選手が揃っている。試合前、うちのエースである永野ひとりに試合を託すのは、智辯学園相手ではちょっと荷が重いと私は考えていた。

どうすれば、智辯学園を相手に、後半勝負に持ち込むことができるだろうか？

私は、永野が９イニングを抑えるのは難しいと考え、背番号10の右腕・三宅貫太郎に先発を託すことにした。

「三宅が３イニング持ってくれれば」と先発に送り出し、彼は見事に私の期待に応えてくれた。三宅は３回を０封（自責１）。４回に先頭の４番に三塁打を打たれたところで永野にスイッチしたのだが、この日の永野は本調子からは程遠い投球内容で、その後９失点。永野にとって生命線といえる右バッターのインコース、左バッターのアウトコースへの制球力が極端に悪かった。

普段の永野が１００点だとすれば、智辯学園戦は10点の出来である。エースとして、背負っているものが重荷になってしまったのか……。監督である私は、永野の重荷を取り去ってやることができなかった。そこが、監督として一番の反省点である。

うちのグラウンドのセンター奥にあるスコアボードには、普段の練習時から智辯学園に３－10で敗れたスコアをそのまま入れている。ボードの横に「こんなんで勝てるのか」と記したのは、甲子園で勝つために一人ひとりが何をしたらよいのか常に考え、自分に問い続けて練習に取り組んでほしいからだ。もちろん、これは私自身にも言えることである。

また、ボードに大きく『「一」へのこだわり』とあるのは、森光先生の言葉だ。

森光先生は、長谷川先生から2005年に監督を引き継いだ。そして、監督として挑んだ2回目の夏の県大会（2007年）で1回戦負けを喫するのだが、森光先生はこの敗戦と、新チーム結成後の

いろんな意味の込められたセンター奥にあるスコアボード

岡山商大附との敗戦をきっかけに、野球部の「当たり前」をいろいろと見直した。その最たるものが、21時までの練習を19時までに変えたことだ（量より質の追求）。そして、その時に森光先生が掲げたのが『「一」へのこだわり』である。「一」が意味するのは、「一位」の「一」ではなく、物事の始まり。はじめの一歩の「一」であり、一球目、一個目、一回目を大事にしようという意味だ。最初の「一」を大事にするためには、しっかり準備をしておかなければならない。試合の一球目に備え、それぞれが普段の練習からきちんと準備をしているか？　そこに抜かりのある選手は、試合でいい結果など得られるわけがないし、そんな選手ばかりのチームが勝てるわけもない。だからこそ、「一」に備えてどれだけの準備をしたか。『「一」へのこだわり』とはそういう意味であり、倉商野球部にとっても大事な言葉なのだ。

ちなみに、森光先生はすべてを見直した次の年（２００８年）から3年連続で岡山を制し、夏の甲子園に出場している。２００８年、２００９年に主軸として活躍したのが、千葉ロッテマリーンズの岡大海だ。

## 創志学園のエースに抑え込まれた2022年の夏

2022年の夏、私たちはノーシードながら県大会の決勝まで進むのだが、準決勝の岡山学芸館戦がとても苦しい戦いとなった。

2―4で2点差を追う展開の8回裏。私たちは1アウト・ランナー一二塁と、この日最大のチャンスを作った。バッターは4番・藤森旭心だったが、残念ながらキャッチャーフライで2アウト。続く5番の品田祐希は、アウトコースのボールを逆らわずにライト方向へ打ち返すのがうまいバッターだった。

2アウトということで、相手のライトはほぼ定位置で守っていた。品田の打球でふたりのランナーを還すには、ライトにもうちょっと前に出てきてもらい、その横を抜く打球を放つ必要があった。そのためには、ランナー二三塁にするしかない。そこで私は、ダブルスチールを仕掛けた。ランナーがとてもいいスタートを切ってくれたので、キャッチャーも送球できないほどの楽々セーフ。ランナー二三塁となり、ライトは二塁ランナーのホームインを阻止するため、こちらの狙い通り少し前に出てきてくれた。

ここで品田の打った当たりは右中間へのやや浅いライナーだったが、これにライトがぎりぎり追い付けずランナー2者が生還。さらに打球が右中間を転がる間に、バッターランナーは二塁へ進んだ。

同点で2アウトながらランナー二塁。試合の流れとして、ここは何としても逆転しておきたいところである。私は代打にミートのうまい小郷直也を送った。すると、ここでワイルドピッチがあってランナーは三塁へ。私は迷いなく、セーフティバントのサインを出した。後で聞いたところによると、バッターの小郷は私のサインがなくてもセーフティバントをしようと思っていたらしい。

2アウト・ランナー三塁からのセーフティバントは、失敗したら相手に警戒されてしまう。一発勝負なので、フェアグラウンドにしっかり入れるしかない。この時のセーフティバントはサード方向に転がったのだが、傍から見ればあまりいいところに転がったとはいえなかったかもしれない。しかし、三塁手はまったく警戒しておらず、小郷は余裕でセーフだった。バッターと監督の考えが一致したこの攻撃は、私の理想とするところでもある。そして、試合はこのまま5－4で勝つことができた。

決勝の相手である創志学園のエース・岡村洸太郎投手は、噂に違わずいいピッチャーだった。私たちは岡村投手に抑え込まれて0－2の完封負けとなるのだが、指導者となって負けた相手ピッチャーに拍手をしたのはこの時が初めてだ。

岡村投手はサイドスローから球威、キレともに抜群のストレートを投じてきた。初回のピッチング練習を見て、私は「これは簡単には打てんな」と覚悟した。打者が1巡するまでは様子見。打者が3巡する7回くらいから、球数でいえば80球以降が勝負だと私は考えた。

しかし、岡村投手の球威は最後まで衰えることなく、8回にこの日の最速となる147キロを記録。私たちは散発5安打無得点と、完全に抑え込まれてしまった。岡村投手は、この夏の大会をほぼひとりで投げ切っていた。敵ながら思わず「ナイスピッチング」と声をかけたくなるくらい、決勝の岡村投手は本当にすばらしい投球をしていた。

試合を振り返ると、創志学園は毎回チャンスがあり、こちらは2回くらいしかチャンスがなかったように思う。試合中、選手たちには「我慢しろ。いずれこっちに流れが来るから」と言い続けたが、こちらに流れが来ることはなかった。もっと一方的な試合展開になってもおかしくない内容だったため、私は試合後に「みんな、よく我慢して粘り強く戦った。お前たちはやることはやったよ」と選手たちを褒め称えた。

## 2023年夏の大会に向けて

前項でお話しした2022年の夏の大会では、準決勝、決勝ともに和田虎之介→増田勝利（ともに1年生）→長谷川琉成（2年生）の投手リレーだった。新チームとなっても、この3人の投手陣がそのまま残っていたので、私は秋の大会に向けて手応えを感じていた。

私は負けず嫌いの性格であるため、夏休みの練習試合などでもそれなりの相手と戦うと勝ちたくなり、この3人をだいぶ投げさせた。すると3人は登板過多がたたり、それぞれに故障を抱える身となってしまった。

秋の大会になっても3人の調子は芳しくなく、和田と増田は多少投げたが、長谷川は一度も登板する機会がなかった。この3人を故障させてしまったのは、監督である私の責任である。結局、秋の大会は準決勝まで進むものの、おかやま山陽に3－4で敗れ、3位決定戦でも岡山学芸館に2－7の敗北を喫した。

3人の主戦ピッチャーをしっかり管理していれば、秋の大会の結果はもっと違ったものになっていただろう。秋の大会は私のせいで負けた。逆にいえば、他のピッチャーたちががんばってくれたおかげで、準決勝まで勝ち上がることができたと思う。

私が3人の体調の変化に気づいてさえあげていれば……。

彼らの変化に気づいてあげられる感性が、この当時の私にはなかった。指導者として、もっと自分の見る目を鍛え、成長していかなければならないと大いに反省している。

この秋の大会を教訓として、私はピッチャーの球数と体調の管理に、それまで以上に細心の注意を払うようにした。ピッチャーを中心とした守りに重点を置く倉商野球の原点に戻り、選手たちにグラウンドで思いっきり暴れてもらいたい。その一心で、オフシーズンは指導と管理に徹した。

2023年春の県大会では、準々決勝で玉野光南に3－6で敗れた。5回に相手打線につかまり、4失点したのが痛かった。ただうちも8回、9回と1点ずつ点を返して粘りを見せた。「終盤に得点できるチームになる」というテーマは、夏に向けて形になりつつある。

先述したピッチャー3人は、来る夏に向けて調整も順調である。さらにこの3枚に加えて、新たな力も台頭してきており、投手層は昨年以上に厚みを増している。今の私の仕事は、とにかく万全の状態で選手たちが夏に臨めるようにすることだけだ。

## 甲子園常連校となるために
### ――今日の失敗は明日の成功のためにある

甲子園常連校となり、毎年のように甲子園に行ければいいが、岡山の高校野球界はそんなに甘くない。しかし、甲子園常連校となるには、「甲子園」という大舞台にできる限り出場し続けて、選手たちに「甲子園」を身近な存在に感じてもらうことが一番大切だと考えている。

「甲子園で勝つにはどうしたらいいか？」

選手たちにそれを考えてもらうには、私が言葉で説明するよりも甲子園を体感させることが一番の方法である。仮の話だが、甲子園に出場して1回戦負けが10年続いたとしても、10年連続で甲子園に行き続ければ、選手は自ずと「甲子園で勝つにはどうしたらいいか？」を考えるようになると思う。

今、私は倉商が「最低でも3年に1回は甲子園に行くこと」を目指している。入部したら、引退するまでに必ず1回は甲子園に行ける学校になる。そのためには、常に県大会でベスト4に入り続けることが最低条件となる。その状況が続けば、選手たちは次の段階として「甲子園に行くためにはどうしたらいいか？」を考えてくれるようになるはずだ。

岡山で公立校として、常にベスト4入りを果たすのは簡単なことではないが、今のうちの力はそのレベルには来ている。そして、これが私の考えていた最低ラインである。やっと私たちは、「甲子園常連校」となるためのスタートラインに立ったのだ。

甲子園常連校となるには、選手たちが自分で考えて動けるようにならなければいけない。私は現役時代、長谷川先生の言っていることをグラウンドで体現しようと、試行錯誤しながら自分なりにいろんなことを考えてプレーしていた。言われた通りのことをするだけでは、本当の意味での自主性は育まれない。

ただ、自分の高校時代を振り返ると反省点も多々ある。当時の私は、野球というものをあまりにも知らなかったので、長谷川先生から聞くことすべてが衝撃だった。あまりに衝撃的すぎて、長谷川先生の言っていることに疑問を持ち、質問をして、「自分はこう思います」と意思を示すことができなかった。そもそも、長谷川先生という存在が偉大すぎて、「質問する」という発想自体がなかったというのが正直なところだ。

母校の監督となり、「どういう選手なら勝つ確率が高くなるのか」を考えた時、高校時代の私のような気持ちにはなってほしくないと思った。選手が「監督、こうじゃないですか」と意見できるような環境を作り、質問も気軽にできるようにする。「勝つ確率の高い選手」は「自分で考えて動ける選手」であるから、そういった「言いたいことを言える環境」にするのが私のなすべき重要な仕事のひとつだと理解している。

選手が「こうしたいんです」と言ってきたら、私は「いいじゃないか、やってみろ」と言う。それで失敗してもいい。今日の失敗は失敗ではない。今日の失敗は、明日の成功のためにあるのだ。

迷いながらプレーをするくらいなら、私にその迷いをぶつけてほしい。選手が迷いをぶつけてきてくれたら、私はそれに全力で応える。きっと正解はないが、選手と私でともに考えるという過程が何よりも尊いのだと思う。昨日ふたりで考えたことが、明日の正解になるかもしれない。そういった日々をつないでいくことで、選手たちの「自分で考えて動く力」は育まれていく。

わからないことをわからないというのは、カッコ悪くない。わからないのに、知ったかぶりをするのがカッコ悪いのだ。だから私も、選手に聞かれてわからないことがあれば、「わからない。一緒に考えよう」と言う。

試合中、策がないのに策があるような顔をしていてもしょうがない。私は、策がない時は「策がない」と選手たちに正直に言う。そして「お前たちが最後には勝っていると信じているから、がんばれ。お前たちの力で何とかしてくれ」とエールを送る。

選手たちから自分の考えを引き出したり、質問させたりするためには、「俺は監督だ」と構えないことと、教えすぎないことが大切だと思う。

カッコつけず、構えず、等身大で選手たちと接する。結局のところ、私自身が背伸びをせず、自分をさらけ出すことが、甲子園常連校となるために一番大事なことなのかもしれない。

第2章

# 人生を決めた高校最後の夏

## 幼少期から教員となるまで

## 野球との出会いはソフトボール

広島出身の父の影響もあり、私は子どもの頃から広島カープのファンである。ソフトボールに本格的に取り組んだのは、小学校1年生の時から。当時の倉敷市はソフトボールがとても盛んで、私も地元のソフトボールチームである「あさひこども会」に所属していた。そのチームは、私たち家族が暮らす団地の真下にあるグラウンドでいつも練習していた。

私は幼い頃から、野球をやるよりも見るほうが好きだった。物心がついた時には、父と一緒にテレビでプロ野球を見ていたし、家の真下で練習しているソフトボールチームの練習を見るのも、私の大好きな日課のひとつになっていた。

私がいつもベランダからチームの練習を見ているものだから、母はたまらず「そんなに好きなら、一緒に練習してくれば？」と私に言った。実は、2歳上の兄がすでにそのチームに入部していたので、私が見学に行ってもチームのみんなは温かく迎え入れてくれた。しばらくの間、監督さんの横に座って練習を見ているだけだったが、私はそれで十分満足していた。ちなみに、兄とはこのチームだけでなく中学校、高校と進んでも同じ野球部に所属することになる。

ソフトボールチームでは、ピッチャー、キャッチャー、内野手などほとんどのポジションを経験した。高学年になると、私はエースで4番のキャプテンになった。出場した大会は、ほとんど優勝していたように記憶している。

中学に進学する際、私はソフトボールではなく野球をすることに決めていた。だが、硬式と軟式のどちらにしようか、とても悩んだ。当時の私は、自分の生き方こそが「王道だ」と信じていた。小学生の時は「ソフトボールをするのが王道」だと思っていたので、ソフトボールを続けた。中学では「軟式野球をするのが王道」だと思っていたが、高校野球をするなら中学時代から硬式に慣れておくのも大事な気がした。でも、硬式はどこかカッコつけている気がして嫌だった。やはり王道は軟式だ。そして、高校野球に進んでレギュラーとなって甲子園に行く。私は自分の思い描いた王道の絵の通り、中学で軟式をやることに決めた。

進学した倉敷市立新田中学野球部には、先述したように兄が3年生として在籍していた。部員数は1学年で10人ちょっと。3学年合わせて30人以上はいたが、私は1年生の時からサードのレギュラーとして使ってもらえた。

足の速かった私は、1番や2番を打つことが多かった。卒業するまでの間、サードの他にショートやセンターも務め、たまにピッチャーをすることもあった。

## 生意気だった中学時代
### ——勝つより大事なものなんてないだろう?

幼少期からたくさんの野球を見てきたからだろうか。中学の頃は他校と試合をしても、お互いの采配が事前にわかってしまい、「軟式野球は面白くないな」と時々感じていた。うちの監督が出すサインだけでなく、相手の監督が出すサインも「どうせ次はこれでしょ」と思うと、その通りのサインが出た。私はかなり調子に乗った中学生だったが、倉敷商で長谷川先生の野球に出会い、その舐めた考え方は根底から覆されることになる。そのことに関しては追って触れていきたい。

中学3年でチームのキャプテンとなり、市内での活躍が認められて県選抜のメンバーにも選出された。私は、県選抜でもキャプテンを務めた。他校の選手たちとプレーするのは、とても新鮮だった。全国大会で横浜スタジアムに行って試合をしたが、それが県選抜での一番の思い出である。

高校進学に関しては、テレビで見た星稜に憧れていた時期もあった。だが3年生になり、兄も通っている倉敷商入学が現実味を帯びてきたので、私は倉敷商の試合を見に行くことにした。しかもその試合は、２００2年夏の大会の決勝、玉野光南戦だった。

決勝戦は残念ながら倉敷商が３－７で敗れ、甲子園出場はならなかった。かなりとがった中学生だった私は、「高校野球は勝たなきゃダメなんだよ」と冷めた視点で倉敷商の敗戦を捉えていた。

試合後、倉商ナインが球場の外でミーティングをしていた。当時のキャプテンである池田誠さんが「試合には負けたけど、高校の3年間で勝つよりも大事なものを得ることができました」と、選手を代表して保護者に語りかけていた。選手たちはもちろん、保護者のみなさんも、みんな泣いていた。普通の人ならば、思わずもらい泣きしてしまう感動的なシーンである。

ところが、生意気だった私は「勝つよりも大事なものなんてないだろう?」と斜に構えて、そのミーティングを眺めていた。そして「勝つよりも大事なものがあるのなら、それを教えてもらおうじゃないの」と、かなりひねくれた動機で倉敷商に行くことを決めたのだった。

## 倉敷商の野球=長谷川登先生の教え
### ――「心×技×体×頭=チーム力」

中学時代、県選抜に選ばれてキャプテンにもなっていた私は、「俺は優秀だ」とうぬぼれていた。しかし、倉商野球部に入り、練習中やミーティングなどで聞く長谷川先生の話は、私の知らないことばかりで衝撃を受けた。入学してすぐに、「俺は優秀だ」といううぬぼれた考えは吹き飛ばされたのだ。長谷川先生のミーティングは長いことで有名だったが、私はまったく苦にならなかった。苦にならないどころか「もっと深く野球を知りたい」と思い、ミーティングを毎日心待ちにするようになっていった。

長谷川先生の話を聞けば聞くほど、「俺が今までしてきたのは、野球だったのだろうか?」と思うようになった。そして、いかに自分が何も考えずに野球をしてきたかを思い知らされた。

長谷川先生が倉商でやろうとしていた野球を一言で表すなら、「守り勝つ野球」である。さらに「守り勝つ野球」を実践するためには、頭を使うことが重要であると教わった。

長谷川先生は、私たちに「野球は心×技×体×頭のスポーツ」だと説いた。野球は「確率のスポーツ」であるから、常に確率の高いほうを選んでいかなければならない。選択をする際には、7つの要素で考えるのがポイントだ。その7つの要素とは、

①　イニング
②　点差
③　ランナーの位置
④　アウトカウント
⑤　ボールカウント

⑥ 打順
⑦ 相手の特徴
である。

私は、長谷川先生に教わった7つの要素の中で、一番大事なのは「イニング」だと考えている。そして、その次に来るのが点差ではないか。例えば試合では、序盤や中盤で3点離されると攻撃に迷いが出てくる。

明徳義塾の馬淵監督は、3点のビハインドでも、中盤までであればスクイズをすることもあると仰っていた。0－3より1－3と、少しでも点差を詰めておいたほうがいいというのがその理由であり、高校野球の2点差はワンチャンスでものにできる。また馬淵監督は、後から試合を振り返った時に、あの1点が効いたという試合がいくつもあるとも仰っていた。

当然、2点差なら3点差より逆転できる確率が高まる。馬淵監督と同様に、9回を見据えて常に確率の高いほうを選択していくのが野球であると、長谷川先生は私たち選手に教えてくださったのだ。

このように、私の「考える野球」の根っこには、長谷川先生の教えがある。そ

の教えをもとに、今でも私が選手たちに言い続けているモットーが、

「心×技×体×頭＝チーム力」

であり、それに加えて「頭」の数値がより高められるように、選手個々の考え方をしっかりと聞き、それを受け入れ、やらせてみるということを私は常に意識している。

「野球は心×技×体×頭のスポーツ」は、長谷川先生から教えていただいた。そして今では、勝つためのヒントが転がっていないか、私自身も常に探しながら生きている。

私は考えることが大好きな人間だが、とくに答えのない事柄を突き詰めていくのがたまらなく好きだ。学校の教科書と違い、野球も、人生も、答えのない問題にぶち当たることが多い。時には考えすぎてドツボにはまることもあるが、考えを巡らし続けることで、いい戦術や妙案がひらめいたりするようになる。

そして時には、常識や当たり前を疑うことで、そこに成長するための大きなヒントが転がっていることもあるのだ。

## 2年秋、新チームとなってキャプテンに就任

気づけば小学校から高校まで、私は2歳上の兄の後を追うように生きてきた（決して追いかけていたわけではなく、結果的にそうなったのだが）。倉商に入学して、私は1年生ながらBチームに入ることができて、そこにはAチームに入れなかった兄がいた。兄は肩が強く、足も速かったのだが、その高いポテンシャルを生かしきれていない部分があった。しかし、兄が引退するまでの約4か月間、同じチームでプレーできたのは、今となってはとてもいい思い出である。

高校で私が一番やりたかったのはピッチャーだったが、肩は強くてもコントロールが悪かった。自分のフォアボールで負けるのだけは避けたかったので、途中でピッチャーはあきらめ、野手として生きる道を探った。そんな私がレギュラーになれたのは、2年秋の新チームとなってからだ。新チームで選手間投票の結果、私はキャプテンに任命された。

キャプテンとなった私は、「毎日一番早くグラウンドに来て、一番遅くグラウンドを出よう」と誓った。実力でいえば、私は半レギュラーレベルだった。結果は出せないかもしれないが、みんなの先頭に立って練習に取り組むことはできる。それを1年間続けて、キャプテンとしての姿勢を示そうと考えたのだ。

うちの朝練はだいたい7時くらいから始まるのだが、私は毎朝6時にグラウンドに行くようにした。午後の全体練習が終わり、私が最後にグラウンドを出るのはだいたい22時頃。当時のメンバーの誰よりも、私は練習していたと思う。しかし、それを苦痛に感じたことは一度もない。自分はうまくなっているという感覚はそれほどなかったが、それでも練習は楽しかった。

キャプテンとして初めて臨んだ秋の大会では、私たちは2年連続の準優勝となり中国大会出場を決めた。中国大会では、準々決勝で如水館に2－3で惜しくも敗れた。その前年の中国大会は、準決勝で広陵に3－6で負けていた。私たちが如水館に勝ち、2年連続でベスト4に入っていれば、もしかしたらセンバツに出場できていたかもしれない。

如水館戦で負けたのは、守り勝つ野球をするはずの私たちが、7つもエラーを重ねてしまったからである。試合後、グラウンドに帰ってきて夜中まで練習をしたのは、今ではいい思い出だ。

その冬、長谷川先生がみんなを集め「次の夏を最後に、私は監督を辞める」と仰った。それまで、30年以上に渡って倉商を率いてきた大監督である。私たちが引退しても、「長谷川先生はずっと倉商の監督をされるのだろう」と当たり前のように思っていた。その長谷川先生が、監督を辞めるという。私はもちろん、全選手にとって衝撃的だった。一瞬、私は頭が真っ白になったが、気を取り直して「長谷川先生最後の夏は、絶対に優勝する」と心に誓った。

3年生となり、夏のシード権を獲得するためにも、春の大会でうちは上位進出を果たさなければならなかった。しかし、初戦の玉野戦でサウスポーの好投手を打ち崩せず、ロースコアで惜敗。当時の私たちは打力がそれほどなかったので、この時のようにロースコアで負けることがとても多かった。こうして私たちは、最後の夏の大会にはノーシードで臨むことになってしまった。

## 長谷川先生最後の夏に無念の3回戦敗退

### ——人生最初で最後のホームラン

「優勝して長谷川先生の花道を飾る」

それが、夏の大会を前にした私たちの合言葉だった。

大会が開幕し、私たちはノーシードから順調に勝ち上がっていった。そして3回戦で倉敷工と当たることになった。

守備の固さには定評のある学校同士の戦いである。試合はロースコアの接戦となり、2－2の同点で9回を迎えた。

9回表、倉商の攻撃。先頭打者は私だった。1・2回戦で合わせてヒット1本しか打っていない私に、期待する人間はいなかった。ところが、1ストライクからレフトのフェンスに直撃するくらいの、「切れなかったらホームラン」という惜しい当たりの大ファウルを打った。ベンチもスタンドの応援団も、「梶山がデカいのを打った⁉」ときっと驚いたはずだ。そして、「三振前のバカ当たりか？」

と思ったに違いない。

その後、カウントが進み2－2の平行カウントになった。ここで、私がインコースに来たボールを強振すると、先ほどの大ファウルのような大飛球がレフト方向に伸びていった。高校まで野球を続けてきて、自分でもそんな大きな当たりを打ったことはないし、そのような打球の軌道を見たこともなかった。走りながら打球を目で追っていると、スタンドに飛び込んだような気がした。でも、「そんなわけがない」と私は全力疾走。三塁手前で審判の手が回っているのに気づき、ほぼ全力疾走のままホームインして、私たちは3－2と勝ち越した。

9回裏を抑えれば、私たちの勝利となる。しかし、ヒット、エラー、フォアボールが絡んで2死満塁となってしまった。マウンドの2年生ピッチャー・近藤健太（現在は投手コーチをしてくれている）は、プレッシャーからか思うようなピッチングができず、ボールを3球続けた。サードを守っていた私はマウンドに駆け寄り、「悔いの残らないように思いっきり投げろ」と近藤に声をかけた。

3ボールから投じた近藤の直球は真ん中に入り、相手バッターが芯で捉えた当たりが私とショートの間を抜けていった。逆転サヨナラの走者が私の目の前を駆け抜けていったのを、まるで昨日のことのように覚えている。3－4の逆転サヨナラ負け。長谷川先生と私たちの最後の夏は、こうして終わった。

ところで、9回に打ったホームランに、一番驚いていたのは私自身だったかもしれない。なぜなら、物理的にいっても私はホームランを打てない打ち方をしていたからである。

事の発端は、新チームとなったばかりの前年の秋に遡る。とある練習試合で、私は長谷川先生の逆鱗に触れてしまい、「これからはバットを一番短く持って打て！」と厳命された。それ以来、私はバットを極端に短く持ってバッティングするようになった。物理的に打球の飛距離は、「バットの長さ×スイングスピード」となる。バットを長く持ったほうがホームランの出る確率は高まるが、私はバットのグリップの一番上を持ち、さらにスイングスピードにしてもそれほど速いほうではなかった。だから私のスイングでは、理論的にはホームランは出ない。私も、周囲の人間も、みんながそう思っていた。

今振り返ってみても、あの時なぜ私がホームランを打てたのかよくわからない。科学的に検証しても、確率は相当に低いだろう。この私も、ホームランを打とうなどとは露ほども思っていなかった。ただ、私が誇れるのは誰よりも練習したということだけである。

## うれしかった長谷川先生の言葉

敗戦後、長谷川先生は球場の控室に3年生たちを集めた。そこで改めて、監督を退くことを私たちに告げると同時に、こういうお話をされた。

「33年間監督をしてきて、『白球は正直だ』と言い続けてきた。そして、最後に梶山がそれを証明してくれた。だから、俺には悔いはない」

悔しさと、寂しさと、私が長谷川先生の野球を証明できたといううれしさ。いろんな感情が混ざり合い、私の目からは涙があふれてきた。

しかし、長谷川先生は悔いがないと仰ったが、私の中には「こんなすばらしい監督の最後の花道を、俺は飾ることができなかった」という悔いしかなかった。「俺はなんて情けないキャプテンなんだ」と思うと、余計に涙があふれてきた。

その時、私はこう誓った。

「俺は倉商に帰ってきて、後輩たちを勝たせる責任がある。それが俺の使命であり、長谷川先生への恩返しだ」

と。試合後、長谷川先生は私が打ったホームランボールに、メッセージを書いてくださった。

　そのボールには、「ナイスバッティング　ありがとう！」と記されている。野球部にいた2年半の間、長谷川先生から一度も褒められたことのなかった私は、褒めてもらえたようで本当にうれしかった。指導者となっ

人生最初で最後のホームランボールに、
恩師からの言葉が記されている

た今も、長谷川先生にはいろんなことを教えていただいているが、褒められたのは後にも先にもこの1回きりである。

「勝つより大事なものなんてないだろう?」と生意気な考えで倉商に入学した私だったが、野球部に入って勝つより大事なものをたくさん教わった。倉商野球部が私の人生のすべてを決めてくれた、といっても過言ではない。その人生を決めてくれたのが、長谷川先生であり、チームメイトのみんなだ。

私は、倉商野球部を愛している。今こうして倉商で指導者ができていることに感謝をして、その恩返しをするためにも、私は強いチームを作らなければならないのだ。

卒業式の時、長谷川先生からいただいた色紙には、

「心力と情熱」

と、したためられていた。卒業以来18年間、この色紙を見るたび「心力《しんりょく》」とは何なのだろうか、と考える。簡単にいえば、「心が強い」ということなのだろうが、長谷川先生はこの言葉にいろんな意味を込めているに違いない。

私は現役時代、たいしたプレーヤーではなかった。でも、「負けたくない」「勝

ちたい」「もっと野球を知りたい」「学びたい」という気持ちは誰よりも持っていた。そして指導者となった今も、そしてこれからも、葛藤しながら、試行錯誤しながら、「指導者として成長したい」という「心力と情熱」を持ち続けて、自分の選んだ道を邁進していく所存である。

## 指導者になるべく、「野球脳」を鍛えた大学時代

最後の夏の大会に集中していた私は、卒業後の進路のことなどまったく考えていなかった。しかし、倉敷工に負けたことで、私の中に「母校に戻ってきて指導者になる」という目標が生まれた。

母校に戻ってきて指導者になるには、まず教員免許が必要である。大学では野球もしたいと思っていた。当時の私の担任は、長谷川先生の後を受けて倉商の監督となった森光先生だった。私は森光先生に、どの大学に進学するのが一番いいのかを相談した。そして、取得できる免許の種類や、卒業する単位と教職の単位

を兼ねることができるなどの理由から、私は松山大進学を目指すことにした。松山大は四国六大学リーグに所属しており、全日本大学野球選手権大会にもたびたび出場していた。福岡大も進学の候補に挙がっていたが、私には福岡のような都会よりも、松山のようなのんびりした土地のほうが合っていると思い、最終的に松山大を選んだのである。

松山大に進学して、私は野球部に入った。すると、私が1年生の時に全日本大学野球選手権大会に出場することができて、私は応援部隊としてだったが初めて神宮球場の雰囲気を味わった。

野球部には甲子園経験者も多数在籍していたため、私はレギュラーはおろか、ベンチ入りすらなかなか叶わなかった。初めてベンチ入りできたのは3年生の春。その後、リーグ戦では先発でサードを守ったりもしたが、絶対的なレギュラーにはなれず、サードのランナーコーチをすることが多かった。

私たちの代が最上級生となった時、私はチームメイトからキャプテンに推挙された。でも、私は高校時代の苦い経験から「俺がキャプテンをしたら負けてしまう。勝ちたいなら、俺をキャプテンにしないほうがいい」と断った。その甲斐があってかどうか、私たちは4年生の時に3年ぶりとなる全日本大学野球選手権大会に出場することができた。

大学の4年間で私は将来を見据え、常に自分が監督のつもりで試合などに取り組んでいた。配球や采配など、自分の「野球脳」を高めるために自チームだけでなく、相手チームからも貪欲に学んだ。

大学の野球部には学生コーチという存在がいるが、私はレギュラーになれないからといって、学生コーチになることはまったく考えていなかった。私は小学校から高校まで、幸いにして常にレギュラーとしてプレーしてくることができた。大学ではレギュラーになれず、悔しい思いもたくさんした。

でも、指導者になった時に、試合に出られない選手の気持ちを知っておくのは、とても大事なことではないだろうかと思った。この悔しい経験は、指導者となってから絶対に生かされるはずだ。そう考えて私は学生コーチにはならず、プレーヤーとしてチームに参加する道を選んだ。結果として、その選択は間違っていなかった。指導者となった今、大学時代の経験がとても生かされていることを実感している。

## 市立玉野商で初監督を経験
### ――指導者としての原点となった1年間

大学を卒業した後、2010~2011年の2年間は倉敷商の講師として務め、この時はソフトボール部の顧問として、放課後は選手たちの指導にあたった。2012年、御津に異動となり、ここでは野球部の部長を務めた。そして、翌年3月まで野球部の指導に携わった。

2013年4月からは、市立玉野商（現・市立玉野商工）に教諭として赴任。ここでも部長として野球部に関わることになった。玉野商にはその後2016年度まで4年間着任していたが、途中の1年間、部の都合もあって私は臨時の監督代行を務めた。

最初に「1年間だけ監督を」と話があった際、私は迷った。1年だけの監督ということは、1年後にはチームをお戻ししなければならない。それなのに、自分の指導方針で部を運営してしまっていいのか。どんな方針で指導していけばいいのか。自分の色を出しすぎたら、1年後の引き継ぎ時に問題が生じるのではないか。このようなことを、いろいろと考えてしまったのである。

悩んだ末、私は恩師である長谷川先生に電話をして、自分の考えていることを正直にお話しした。すると長谷川先生は、「お前は、誰のために指導者をしているんだ。子どもたちのためではないのか？　だったら、子どもたちのために『こうしたほうがいい』と思ったことをなぜやろうとしないんだ」と仰った。この言葉を聞いて、私は目が覚めた。迷いが吹っ切れた私は「1年間、自分の思うようにやろう」と決めて、監督代行の話を受けることにした。

当時のチームは「4年間、公式戦の勝ち星なし」という状態だった。私はそんなチームを、1勝させてあげたいと考えた。あの頃の私は、20代中盤で勢いだけはあった。初めての野球部監督ということもあり、気持ちだけ先走っていたのは否めない。「夏の大会で1勝」を目標に、選手たちにはかなり厳しい指導をしたように思う。

最初のミーティングで「全員辞めるか、1勝のために全力を尽くすのか。そのくらいの気持ちで練習をしないと、公式戦では絶対に勝てない。お前らが遊びで野球をやるつもりなら、俺は練習メニューを一切考えない」と言い放った。当然、選手たちは「全力でやります」と返してきたが、それは指導者が選手に無理矢理言わせているに過ぎない。今振り返ると、反省点ばかりの指導者だったが、当時はそれが正しいと信じていた。私は連日、夜の10時過ぎまで猛練習を行った。

監督を続けながら、私は選手たちの「考える力」が足りないことを常々不満に思っていた。そこで、夏の大会の1か月ほど前から「考える力」を付けさせるために、練習終わりに読書することを始めた。

人が頭を使って物事を考えるには、知識が必要である。そして「考える」には、表現力も備わっていなければならない。そこで選手たちに「読書をさせよう」と思い付き、練習最後の10分間、読書をしてから練習を終えるようにした。選手が日替わりで順番に、読後の感想を発表する時間も設けた。

この読書によって、目覚ましい効果が得られたとは思わない。しかし、選手たちとの会話を通じて、彼らの意思、意図が感じられるようになった。学校の先生方からも「野球部の子たち、なんか最近変わったよね」と言われ、わずかではあるが読書の効果が表れていることを実感した。

大会前には、試合で勝った時のための練習（イメージトレーニング）も行った。最終回、2アウト・ランナー三塁で打者をアウトにして、1－0で勝ったという想定である（途中からは、より緊迫感を出すために2アウト・満塁という設定に変えた）。勝った後、喜びすぎないように整列をして、挨拶が終わったら一列に並んで校歌を歌う。「整列して最後の礼をした後に、ベンチに戻ってくるなよ。校歌斉唱があるからな」と教え、校歌を歌った後、スタンドのそばまで走っていって、応援団に挨拶するところまでしっかり練習した。

私の1年間の指導の集大成ともなる、夏の大会初戦。相手チームに3～4倍のヒットを打たれながらも、私たちは5－3で勝利を収め、公式戦4年ぶりとなる1勝を挙げた。

最終回は、イメージトレーニング通りに2アウト・満塁となった。この時、私はマウンドに伝令を送り「練習通りやれよ」と選手たちに伝えた。最後の当たりは、高いセカンドフライだった。空高く舞い上がるフライを見ながら、私は「落とすなよ。落とすなよ」と心の中で念じた。セカンドがフライを捕球した後、選手たちは練習通り、喜びすぎることなく、すべてを淡々とこなした。でもその表情は、勝った喜びに満ちあふれていた。

4年ぶりの公式戦1勝ということで、翌日の新聞にも試合の記事が載った。そこには、キャプテンの「練習試合からちょっとずつ勝てるようになってきて、勝つことで野球の楽しさを知りました」という言葉も記されていた。それを読んで、私は「1年間やってきてよかった」と救われた気持ちになった。

私たち指導者は、決して勝てば何でもいいわけではないが、勝つことから逃げてはいけないと改めて感じ、この喜びを今後も多くの選手たちと味わいたいと思った。また、たくさんの地元の方々からも祝福のお言葉を頂戴し、高校野球に携わる者として、地元の方々に応援し続けてもらえるチーム作りを目指さなければならない、という気持ちにもなった。

あの1年間は私の指導者としての原点であり、私に「指導者とはどうあるべきか」を教えてくれた、とても貴重な時間だったように思う。あの時の選手たち、野球部を支えてくれた方々には、感謝の思いでいっぱいである。

## ２０１７年、指導者として念願の母校復帰

大学卒業後、私は「母校である倉商に戻って監督をするんだ」という使命感を持ち、赴任したそれぞれの学校で与えられた仕事に取り組んできた。そして２０１７年４月、私はついに母校へ教員として戻ることになった。教員としては２年生の担任として、野球部では副部長（コーチ）として復帰することが決まった。

当時は、長谷川先生の後を受けた森光先生が監督を務めていた。私は普段はコーチをしながら、公式戦ではベンチ入りする教員（責任教師）として働いた。高校時代のコーチであり、担任でもあった森光先生をサポートできるのは、私にとってもこの上ない喜びだった。

復帰初年の秋から肩書は部長となり、以降も私は森光先生のサポートに徹した。ところが２０１９年の春、森光先生から「今年の夏を限りに、監督を退こうと思っている」と告げられた。

森光先生にとって、最後の夏の大会がやってきた。開会式の前日、森光先生は選手たちを前にして「この夏限りで監督を辞める」と明らかにした。私の脳裏には、自分が倉商野球部員だった最後の夏が蘇った。長谷川先生の花道を飾れなかった私は、今度こそ恩師の最後に花を添えようと強く思った。その気持ちは、選手たちもきっと同じだったはずである。

夏の大会で奮起した選手たちは快進撃を続け、決勝戦に駒を進めた。だが、あとひとつ勝てば甲子園というところで、私たちは岡山学芸館に1－2の逆転負けを喫し、無念の準優勝で夏の大会は幕を閉じた。

その決勝戦で、こんなシーンがあった。1－2で迎えた9回裏、倉商最後の攻撃。先頭バッターが出て、送りバント成功で1アウト・ランナー二塁。私たちは一打同点のチャンスを迎えた。ところがその時、ネクストバッターズサークルで泣いている選手がいた。それは、のちにキャプテンとなる2年生の原田将多だった（2020年センバツ出場の立役者であることは第1章でお話しした通り）。

原田は「このまま負けたら、それは自分の責任だ」と思って泣いていたのかもしれない。しかし、試合中に泣くなど言語道断である。2アウトとなって、森光先生も泣いている原田を呼び寄せ、「打つんだろ、お前！」と渇を入れたが結果は三振に終わり、原田が最後のバッターとなってしまった。

原田が試合中に不安な気持ちになったのは、私も理解できる。でも、だからこそ「絶対にやってやる！」という強い気持ちで相手に向かっていかないといけない。泣くのは「ゲームセット」になってからで十分なのだ。

うちの野球部は通常、新チームが立ち上がる時に、選手たちの投票によって新キャプテンが決められる。だが、この時は森光先生が最後に「キャプテンは原田しかいないだろう」と言って新キャプテンが決まった。森光先生の置き土産ともいえる新キャプテンが、その後私たちを甲子園へと導いてくれることになったのである。

森光先生の後を受け、私は2019年夏から母校の監督に就任した。よく「教員と監督の〝二足の草鞋《わらじ》〟は大変ではありませんか？」と聞かれるが、私は教員と監督の生活を毎日楽しんでいる。

たしかに、〝二足の草鞋〟は大変なこともあるが、それ以上に私は教員をすることも、担任を持つことも楽しく感じている。野球人には、「人生で野球しかしてこなかった」という人も結構多い。でも、私は教員をすることで「野球を知らない生徒たち」ともたくさん接するようになり、「こんな考え方もあるのか」「高校生っていろんなことをがんばっているんだな」と、多くの気づきを得ることができている。

また、たくさんの生徒とコミュニケーションを取ることで、私の「対応の幅」は広がり続けている。教員として、そして指導者として、これからも生徒たちから多くを学びながら、私も成長していきたい。

第3章

# 自分で考えて動く

## 監督がいなくても勝てるチームを目指す

# 本当の自主性とは?

## ——理想はノーサイン野球ではなく、選手が監督のサインを裏切れるチーム

第1章でも触れた2021年夏の岡山大会決勝戦。私たちはおかやま山陽に勝利して甲子園出場の権利を手にするのだが、その試合でこんなことがあった。

6回表、おかやま山陽の攻撃で2点を取られ、私たちは5－5の同点に追い付かれた。この時、同点の一打を放ったのは、好打者として知られた相手の1番バッターだった。ツーアウト・ランナー二三塁の一塁が空いている状況で、5－3と2点リードの場面。

ここで、私はこの1番バッターを打席に迎えた時、「このバッターを申告故意四球にして、次の2番バッターで勝負しよう」と一瞬思った。だが、今はまだ6回なので、1番バッターには最低でももう1回打順が巡ってくる。そうなると、一度こちらが敬遠で逃げの姿勢を見せると、次の対戦では心理的にバッターが有利になってしまう。しかも、それが終盤の差し迫った状況であれば、精神的アド

バンテージはさらに大きくなるだろう。

「ここは、マウンドにいるエース・永野に賭けよう」

と思い、私はマウンドに伝令を送り、永野の意思を確認した。すると、永野が「勝負したい」と言ってきたので、私は敬遠策を取ることなく、バッテリーに勝負をさせた。そして永野は左中間にヒットを打たれ、同点となったのだ。

あの場面で、私は1番バッターと勝負したことを、まったく後悔していない。大一番のここぞという局面では、「勝負したい」と思っているピッチャーには勝負させるべきだ。これは、采配や戦術といったこととはまったく別の、1対1の魂の勝負である。それを監督の考えで避けたり、邪魔したりするのは、試合そのものの流れを崩すことになる。幸いにも2点のリードがあったため、私は同点に追い付かれてもいいと考え直し、永野の気持ちを優先した。そして、永野はもう一度巡ってきた勝負では、こちらの期待通りに相手の1番バッターをしっかり抑えてくれて、それが9回裏のサヨナラ勝ちにつながったのだ。

試合の采配において、監督である自分の考えを優先するのか、それとも選手のハートを優先するのか、その両面を考えていくのはとても大事なことだと思う。

そこで、監督である自分が選手にしてあげられる唯一のことは、9回を見据えて今どうするべきかまでも考え、選手自身のスポーツマンとしての心を優先してあげることではないだろうか。

今、スポーツの世界で指導論が語られる際、選手の自主性を重んじる指導者は多く、私もその考え方には賛成である。ただ、その自主性は「自主的に練習に取り組む」というような、「練習時」においての自主性に関して触れられているものが多いように思う。

練習時の自主性はもちろん大切だが、私はそれ以上に、試合時に選手が自主的に動けるようになるほうが重要だと考えている。現在の高校野球において、ノーサインで試合をやっていくような自主性を説いている学校は少ない。だが私は、試合の中で通用する自主性こそが本当の自主性だと考え、どうやったら選手たちが「自分で考えて動けるようになるか」を日々追求している。

私が理想とするチーム像は、監督がいなくても勝てるチームである。でもそれは、単純に私が「ノーサイン野球」を目指しているからというわけではない。私は、選手たちによく「俺の出すサインを裏切ってもいいよ」と言う。例えば、私が盗塁のサインを出した時、何が何でも盗塁をする必要はまったくなく、そこに根拠があればサインをスルーしてもいい。

自分の頭で考え、根拠を持って監督のサインを裏切ることのできる選手が多ければ多いほど、そのチームは強さを増していくだろう。そういった意味で、監督がいなくてもいいチーム作りを私は目指しているのだ。

監督の想定を上回るようなプレーを選手たちができるようにしていかないと、甲子園には行けないし、甲子園に出場できたとしても1勝を挙げることさえ難しい。ましてや、私たちの目指す甲子園優勝など、到底辿り着くことはできないだろう。監督に指示されないと動けない選手ばかりのチームでは、私の理想には遠く及ばない。

私がサインを出さなくても、あるいは私の出したサインに従わず「おお、こんなことをやるのか」「こんなことを起こすのか」と、私が感心するくらいのことを選手たちがやってくれるチームになってほしい。そうなるには、私がいなくても機能するチームになる必要がある。倉商の目指す「頭を使う野球」は、選手たちがそのレベルにまで達してくれないと実現できないのだ。

球場中が「えっ⁉」と驚いても、ベンチの中はもちろん、スタンドで応援している部員も含めて、倉商の選手たちは「ああ、あるよね」と平然としている。そんな野球を私はしたい。

この私も、指導者になったばかりの頃は「自分の力でチームを勝たせないと」と考えていた。「私の力があったからチームが勝ったんだ」と思いたい自分がいた。でも、それでは「私は野球を知っている」と単に自慢したいだけの、傲慢な指導者に過ぎないと途中で気づいた。

チームの勝利に一番必要なのは、監督の力ではなく選手たちの力だ。その次に、選手たちを支える周囲の人たち（スタッフや保護者など）の力が必要となり、それらの力が一体となって経験を積んでいくことで、勝てるチームが作り上げられていく。選手たちを勝たせてあげたいからこそ「監督は何もしない」というのも、指導者のやり方のひとつなのだと私は考えている。

## 選手自身が考えて練習に取り組む

### ――社会人のトップチームから学んだ「課題練習」

監督がどれだけ丁寧に指導したとしても、グラウンドでプレーするのは選手たち自身である。プレーしている時、隣に指導者はいない。本番で実力を発揮するには、自ら取り組むべき課題を理解し、練習メニューを考えられるようになるのが理想だ。

普段の練習の大まかなメニューは私が決めるが、細部は選手たちに考えてもらうようにしている。例えば、「午前中は右中間、左中間の中継プレーの練習をします。二遊間とファーストの動き、カバーに入るかなどはそれぞれが考えておいてください。午後はランナー二塁の設定で、二塁ランナーがシングルヒットでホームに還ってくる練習をします。そのために守備、ランナーともにどう取り組むか、考えておいてください」と、このような形で選手たちに伝える時がある。

練習メニューは私が考えるが、「この練習、なんでやっているんだろう？」と理解できなかったり、疑問に思ったりしたら、私のところに聞きに来なさいとも言っている。

ただ言われるがままの練習では、何も身に付かない。「身になる練習」とは理屈や理論、根拠を理解した上で行う必要がある。だからこそ、私は「これは何のための練習なんですか？」と質問された時に、すべて答えられる練習しかしていない。究極をいえば、そういった「身になる練習」を積み重ね、優勝できるチームを大会前までに作り上げるのが私の仕事だと考えている。

強いチームは、選手たちが自分で考えて練習に取り組む。以前、青山学院大のオープン戦を見学させていただき、その重要性に改めて気づかされた。

そのオープン戦で青学は、社会人野球の名門であるＥＮＥＯＳと対戦した。試合は４－４の引き分けだった。ＥＮＥＯＳが４点リードしていたのだが、終盤に青学がじりじりと追い上げて同点で終わったのだ。

そのゲームで、こんなシーンがあった。それは同点の８回、ＥＮＥＯＳの３番バッターが送りバントを失敗したために、大事なチャンスを生かすことができなかった。

試合後、両チームともにベンチでミーティングをしていた。ＥＮＥＯＳの大久保秀昭監督も、憤懣やるかたない雰囲気を醸していた。ミーティング後、全員がベンチ前に出てきたので何をするのかと見ていたら、ピッチングマシン1台を使い、全員でバント練習を始めたのである。

社会人の一流チームが、淡々と、黙々と、それも相当の厳しさを持って、一球一球のバント練習に全員が取り組んでいた。ひとつのプレーにかけるその真剣さに、私は感動した。

そして「倉商はどうだろうか？」と考えた。ひとつの課題に対して、私たちはここまで本気で取り組んでいるだろうか？　高校生に社会人ほどの厳しさを求めるのは酷かもしれないが、社会人のトップチームでさえ、こうしてシンプルな基本練習を徹底して行っているのだ。ならば、高校生はもっとやらないといけないのではないか？

倉敷に帰ってから、私は選手たちにそのような話をした。以来、倉商では試合後に選手に自分たちで課題を挙げさせ、練習メニューも自分たちで考えて取り組むようにさせている。

# 選手の「考える力」のレベルは、ベンチ内の会話でもわかる

普段の練習においても、選手たちが自分で考えたメニューに取り組む機会を、なるべく多く設けるよう心掛けている。最近はメニューだけではなく、「明日、ここからここまでの30分間、お前たちで考えて練習しろ」とだけ伝え、時間管理も選手たちに任せることが多くなってきた。これは「限られた時間を有効に使うにはどうしたらいいのか？」ということも、選手たちに考えてほしいと思ったからである。

選手たちに任せたら、私は一切何も言わない。「どんな練習をするつもり？」とも聞かない。何をやるつもりなのかを聞いたら、選手を疑っていることになってしまう。私の考える正解をやってほしいわけではない。私は選手たちがやりたいことをやってほしい。その練習が走塁だろうが、守備だろうが、打撃だろうが何でも構わない。選手たちが「これをやろう」と考えた時点で練習の意味がある。

毎週行う練習試合で、チームの課題は必ずいくつか出てくる。「選手たちで練習を考えろ」と言った際、練習メニューがすぐに浮かばないのは何も考えていない証拠だ。この「課題練習」に取り組ませた当初は、的外れな練習をしていることが多かった選手たちも、最近では私から見ても「お、ちゃんと考えているな」と思える練習をするようになってきた。「いい練習」とは、このように選手自身が目的を理解して取り組んでいる練習なのだ。

選手たちの「考える力」は、試合中のベンチでの会話などを聞いていてもよくわかる。喜んだり、怒ったりしているだけではなく、相手ピッチャーの攻略法などについて話し合っている選手がいたら、「レベルが上がってきたな」と思う。

先日の練習試合で、普段はBチームにいる（Bの試合でもスタメンではない）選手が、Aチームの補助として入っていた。その選手は足だけは滅法速かったため、試合の後半で代走として出場させた。状況は、私たちが7－0の大量リードで2アウト・ランナー二塁。倉商の走塁のセオリーなら、ランナーは無理をしなくてもいい場面だ。しかし、代走の選手にしてみれば、監督である私にアピールできる千載一遇のチャンスである。

ここでベンチの選手たちは、「ここは無理をする場面ではないけど、あいつの立場もあるから、あいつは今は走るべきだ」といったやりとりをしていた。選手たちの会話は正解だった。その代走の選手は三盗をして、見事に成功させた。ベンチの選手たちも「ナイスラン！」と盛り上がっていた。このように、チームの正解と、個々の正解は違う場合が多々ある。そういう会話が出てくるようになったのは、選手たちに考える力が付いてきた証といっていいだろう。

## 一番の敵である自分に勝つには、素直であること
### ——素直さが自分を成長させ、いいパフォーマンスを発揮させる

第1章でお話しした2019年秋の中国大会決勝戦。この試合に勝てば、センバツ出場が決まる。それは、私も選手たちもわかっていた。こういった大一番を前にした時、最大の敵は相手ではなく自分自身である。大一番で緊張してしまうのは、結果を求める気持ちが強すぎるからだ。自分で自分にプレッシャーをかけ、動きが固くなってミスを連発してしまう。これは、あらゆるスポーツの大一番で

よく見かける、典型的な自滅パターンといっていい。相手と戦うまでもなく、自分で勝手に作ったプレッシャーによって潰れてしまっているのだ。

緊張している選手たちに対して、「お前ら緊張してるのか。情けない」と言ってしまったりする監督さんは結構いる。でも、それはカッコつけているだけで嘘だと私は思う。本当は監督自身も、多少なりとも緊張しているはずである。

中国大会の決勝の直前、私はベンチ前に選手たちを集め「緊張してるか？」と聞いた。すると、誰も手を挙げない。だから私は「何だよ、俺だけかよ」と言った。みんな笑ってくれるかと思ったら、笑っていたのはベンチの近くにいた審判だけだった。

その後、私は選手たちにこんな話をした。

人はなぜ緊張するのか？

それが大事なことだと思っているから緊張する。私も妻にプロポーズする時は、とても緊張した。普通の友だちとただ話すだけなら、緊張などしない。でも、緊張するような経験ができるのは、すばらしいことだ。だから、緊張していることを隠す必要はまったくない。そういった緊張するような、大事な場にいられることがすばらしいではないか。緊張を受け入れよう。私もメンタルは強くない。試合前のノックだって緊張していた。緊張していることを隠すほうが、カッコ悪いことなのだ。

こういった話をした後、改めて選手たちに「緊張している人？」と聞いたら7～8人が手を挙げた。私はその面々を見ながら、緊張しているのは悪いことではないし、緊張しないことがいいとも言えない。キミは緊張する派、キミは緊張しない派なんだな、と。このように、私は大事な試合の前こそ、選手たちに自分をさらけ出す。

私は「素直であること」が、いいパフォーマンスをする上でもっとも大切なことだと思っている。うまくいっていないのに、まわりの人たちに「大丈夫です」と言ったら、「そうか、うまくいっているのなら大丈夫だな」と思われてしまう。でも「うまくいっていないから困っています」と言うことができれば、誰かがフォローしてくれたり、助言をしてくれたりするだろうし、それが気づきとなって物事が改善していく可能性も高まる。

社会に出て、仕事に就いたとしても「すみません、わかりません」と正直に言えば、誰かが助けてくれる。助言を受けたのに何度も同じ失敗を繰り返すのは問題だが、正直に「わかりません」と言えずに失敗を繰り返していたら、後々取り返しのつかない大失敗をすることになるかもしれない。素直であることほど、自分を成長させてくれるものはないのだ。

## 新入生たちに話すこと
### ——ストライクゾーンにボールは何個並ぶ？

入学式が終わって少し経ってから、本校では1年生を対象とした「食事合宿」を金曜から日曜の2泊3日で行う。

この合宿は、その名の通り「食事の重要性」を1年生たちに理解してもらうために行っている。「体を大きくするために、食事はこのくらい食べましょう」「バランスの取れた食事をしましょう」ということを頭と体で理解してもらうのと同時に、最終日には食育の専門家による講習も受けて、筋肉を付けるため、あるいは疲れを取るための食事や栄養バランスに関することを学ぶ。

入学してきた1年生たちに、私はまず「キミたちが今までやってきたのは、本当に野球だったのでしょうか？」という前振りから話を始める。

よく話すのは、「ストライクゾーンにボールは何個並ぶでしょうか？」という問いかけである。

ホームベースの横幅は17インチ（43・178㎝）なので、ボール6個分の幅となる。ただし、ベースの両端をボールがかすめてもストライクとなるので、実際には両サイドに1個ずつボールを足した計8個分の幅が、ストライクゾーンというわけだ。そして、左側のボールから順番に、0〜7まで

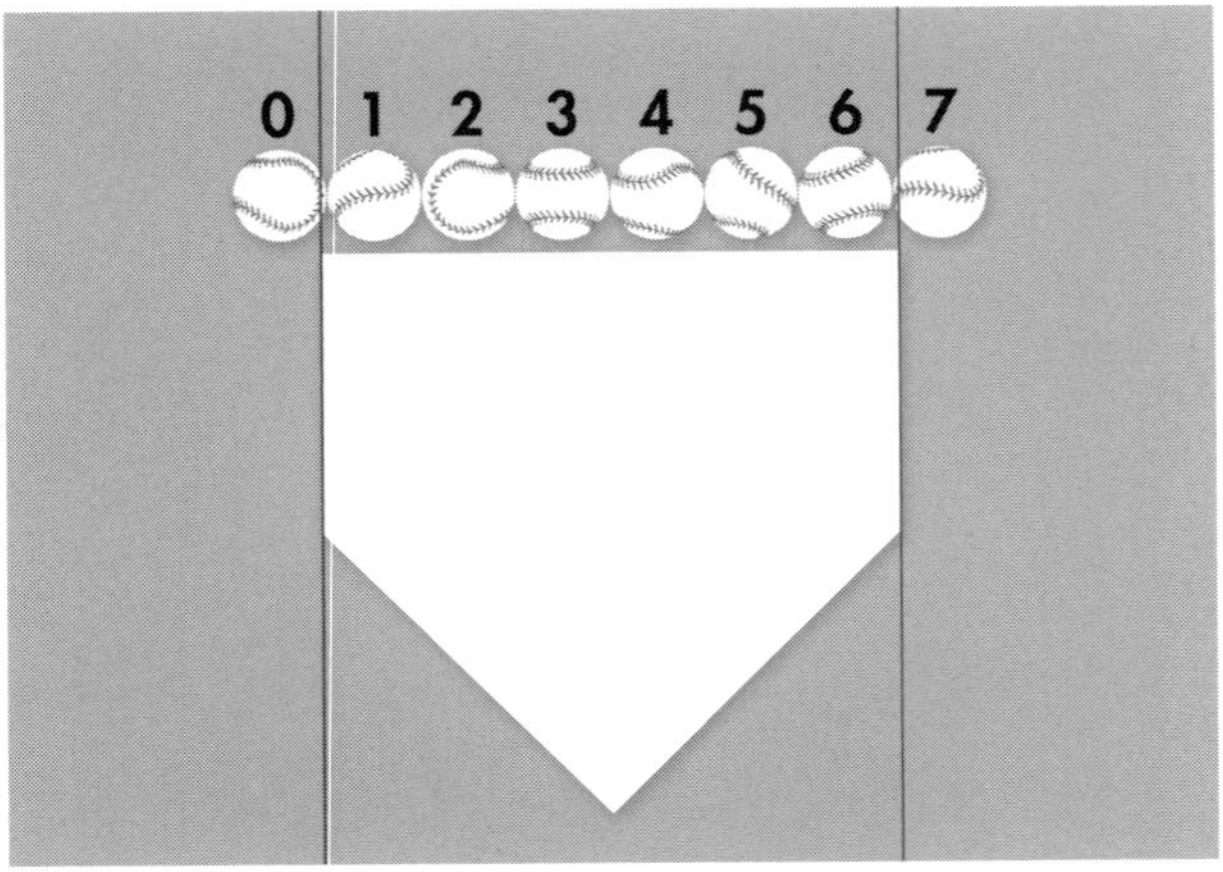

番号を付けて解説をする。

「右打者の場合、0番のコースは?」と1年生に聞くと、みんな「インコース」と答える。「2番は?」と聞くと、それもインコース。しかし、バッターに0番を大ファウルされたのと、2番を大ファウルされたのとでは、次の対応、配球はまったく違ってくる。0番と2番は「同じインコース」ではないのだ。

2番がファウルになっているということは、0番に投げたらもっと逸れたファウルになる。そのようなタイミング、ポイントで打っているバッターは、数字が大きいほうに投げれば投げるほど、フェアになる確率、ヒットを打たれる確率は高まる。

つまり、こういったバッターにアウトコースのボールを安直に投げるのは、大変危険ということである。アウトコースに狙ったボールが少しでも甘く入ったら、捉えられてしまう可能性は高い。ならば、緩いボールをアウトコースに投じたほうが、打ち取れる可能性は高まる。逃げていく緩いボールなら、よりタイミングがずれるからだ。

ただし、それはバッターの考え方と技術が、1球目も2球目も変わらないという前提での配球だ。もし、1球目と2球目で考え方が変わったら、バッテリーの配球は違う選択になる。これがバッターとバッテリーの駆け引きであり、こういった駆け引きがあるから野球は面白いのだ。

とはいえ、考え方が変わったとしても、同じ過ちを3度繰り返してしまうのも高校生だといえる。だが、甲子園に出るレベルのチームの選手は、同じ過ちを3度はしてくれない。1球目、ボール球を空振りしたのに、2球目にそこに投げてもバットが止まる。そして、3球目にもそこに投げたら、打たれるのが甲子園なのである。

前振りとして、1年生たちにこのような話から始めるのだが、ほとんどの選手が「知りませんでした」「そこまで考えていませんでした」と答える。この前振りを含め、最初のミーティングで話す内容は、倉商野球部で過ごす2年半で、選手たちが知識や知恵として蓄えていく野球の1000分の1にも満たない。

私は選手たちに「絶対にうまくする」とか「絶対に甲子園に連れていく」といったことは口が裂けても言えない。むしろ、そんなことを言う指導者がいたら、簡単に信用してはいけないと思う。

私は選手を「絶対にうまくする」ことはできないし、手助けできるかどうかさえもわからない。でも、野球に関する知識や知恵を、選手たちに与えてあげることはできる。知識や知恵は、間違いなく野球人生の助けになる。技術、体力が付いてきた時に、その知識や知恵を生かすことができる。

倉商で学んだことを生かせるのは、高校在学中ではなく、大学に行ってからかもしれない。いや、もしかしたら大学を卒業した後の、草野球をやっている時かもしれない。しかし、どのタイミングで生かせたにせよ、その瞬間にその選手はきっと新たな「野球の楽しさ」に出会うだろう。そして、そういったＯＢの中から、「野球の楽しさ」をまわりに広めてくれる者が少しでも出てくれれば、私は本望である。

## 選手たちが一番大事にしなければならないこと

毎日、練習前に選手たちに配っている練習メニュー表の下に、このような言葉

（式）がある。

「生活＞練習＞試合」

これは、選手たちが一番大事にしなければならないことを表している。つまり、試合より練習が大事、練習より生活が大事、という意味だ。

野球よりも、普段の生活が一番大事。ここでいう生活とは、家での生活、学校での生活という意味だが、この生活の部分がよくなっていくことで、はじめて人間性の向上も可能となる。

選手たちが、人として成長できたかどうか？　それをグラウンドで確認することはできない。なぜなら、人は評価されたい人、がんばりを見せたい人の前では、一生懸命な姿を見せるからである。選手たちは当然、グラウンドではがんばる姿を見せる。でも、その人の本性が一番表れるのは、普段の生活だ。

選手たちには、わかりやすくこう説明している。好きな人の前では、みんなカッコいい自分でいようとする。だが、気を許した仲間たちの前では、カッコいい自分を演じようとは思わない。試合に出たいから、グラウンドでは指導者の前でがんばっている姿を見せる。でも、普段の生活において、親の前で同じようにがんばっているか？　家でお手伝い、整理整頓、気遣いをしているか？　親にアピールしても試合には出られないからといって、普段の生活で手を抜いているようでは人としての成長はない、と。

倉商は、文武両道が基本である。他の部活もすべて「部活だけやっていればいい」というわけではない。だから、選手たちは普段の勉強もがんばっている。選手たちに「お前、野球と勉強、どっちが好きだ？」と聞くと「野球です」と答える。そんなに好きでもない勉強をがんばれるのだから、野球はもっとがんばれる。つまり、勉強をがんばれる人間は、野球も絶対に伸びる。だから、勉強を疎かにしてはいけないのだ。

中には、勉強の苦手な選手もいるだろう。でも、苦手だからといってあきらめてしまうのではなく、必死に付いていこう、食らいついていこうとすることが大事だと思う。

私は、選手にはこう言う。

「もし、160キロのすごいピッチャーが岡山に現れたら、お前らどうする？　あきらめずに160キロを打とうと努力するだろう。じゃあ、難しいテストの問題が出たらどうするの？　あきらめるの？　それではつじつまが合わないんじゃないか？」

と。普段の生活こそ手を抜かず、人として成長していくことが、結果として野球の実力も伸ばしていく。これが倉商野球部の基本的な考え方である。

## 自分を評価するのは他人

私は商業科の教員なので、「経営の神様」といわれた松下幸之助さんの話を授業でよくする。

松下幸之助さんは、社員たちの生活態度を正すことが人材育成につながる、と考えていたという。だから「脱いだ靴は必ず揃えろ」「道を歩いている時はポケットに手を入れるな」など、生活の細かい部分を切り取って社員を厳しく指導していたそうだ。

仕事にしろ、普段の生活にしろ、いくらがんばったとしてもそれを評価するのは自分ではなく他人である。自分ではがんばっているつもりでも、その部分を他人が認めてくれなければ評価にはつながらない。

また、それとは逆で、自分はがんばっているつもりがなかったのに、他人にその点を評価されるということもあり得る。先述した「靴を揃える」にしても、そういった姿を見て「あ、あの人は気の利く人だな」と誰かが評価してくれたなら、それが新規の仕事につながるかもしれない。他人は「どこから」見ているか、あるいは「どこを」見ているかはわからないのだ。

大学時代、こんなことがあった。私はコンビニでアルバイトをしていた。常連のお客さんの中に、キャスターマイルドというタバコをいつも買っていくお客さんがいた。そのお客さんを、ここではAさんと呼ぶことにしよう。Aさんは店に来ると、いつもキャスターマイルドを2箱買っていった。タバコの棚はレジから少し離れた場所にあったので、取りに行くのに少し時間がかかった。

ある日、Aさんが店に来ると、私は先回りしてそのタバコ2箱をレジに用意してAさんを待った。レジに来たAさんは「わしのタバコ、覚えてくれておったんか」と驚いていた。「いつもお買い上げくださるので」と私が言うと、パッと名刺を差し出してきた。その方は、四国の大きな会社の取締役だった。

Aさんは「キミ、就職先は決まっているのか?」と聞いてきたので、私は「教員になります」と答えた。すると、Aさんは「教員なんてやめておけ。たいした金はもらえんぞ。いくら欲しいんだ?」と言う。私が「教員以外は興味がないので」と返しても「1000万なら出せるぞ。その代わり出張は多いぞ」となかなかあきらめてくれない。その日からしばらくの間、Aさんの「教員はあきらめたか?」「1500万でどうだ?」という入社をうながす声がけが続いた。

このように、人はどこから自分を見ているか、また自分のどの部分を見ているかはわからない。私もAさんに評価されようと思って、タバコを準備していたわけではない。要するに、人は自分の何を評価してくれるのかわからないのだから「評価されるからがんばろう」ではなく、普段からいろんなことに一生懸命取り組んでいくことが大切なのだと思う。

# 選手たちに多様な価値観を示す
## ――人間性のピラミッドとは？

以前、進路決めの一環で、國學院大に選手とともに見学に行った際の話だ。國學院大野球部にはメンタルトレーナーの方がいて、私は「メンタルトレーナーとは、普段どんなことをされているのだろう」ととても興味を持った。

メンタルトレーナーの方に話を伺うと、普段は大学で教授をしており、野球部にはメンタルトレーナーとして関わっているのだという。

私はチーム作りをしていく上で、「選手が自分で考えて動く」「選手同士が、お互いに指摘し合って伸びていく」というのが重要だと考えている。そのことをメンタルトレーナーの方に伝えると、「選手が互いに指摘し合うのはとても重要です。ただ、野球界には特殊な構造が存在しているのを、指導者は理解しておかなければいけません。それは〝技術のピラミッド〟という構造です」と教えていただいた。

例えば、ノックの最中に、レギュラーの選手がエラーをしたとする。そのエラーを、補欠の選手が指摘するのは野球界では難しい。なぜなら、そこには野球界独特の〝技術のピラミッド〟が存在しているからである。野球界というのは、技術の劣る人間が自分より優れている人間を指摘できない構造になっているのだ。しかし、指導者は補欠の選手に「指摘しろよ」と言う。これは、メンタルトレーナーの方から見ると、反科学的な指導になるそうだ。

野球界の構造は〝技術のピラミッド〟なので、「高い技術を持っているものが優れている」というのが常識になっている。この考え方を幼い頃から刷り込まれているため、自分より技術の優れた人間に対して指摘することができない。というより「指摘するという発想そのものがない」と言ったほうがいいかもしれない。

そこで指導者のなすべきことは、「〝人間性のピラミッド〟として、いろんなピラミッドをたくさん作ってあげること」だと、私はメンタルトレーナーの方から教わった。要は、優劣の基準を〝技術〟だけに絞るのではなく、いろんな基準で選手を評価してあげる。視野を広げて、多様な価値観があることを選手に教えてあげるのが、指導者のなすべきことなのだ。

優劣の基準は何でもいい。「ベンチを盛り上げるのがうまい」「コーチャーがうまい」「グラウンド整備がうまい」といったプレー以外のことでもいいだろうし、「掃除がうまい」「先生に好かれている」など普段の生活に視点を移した基準でもいいだろう。とにかく、選手たちに対していろんな〝人間性のピラミッド〟＝〝価値観〟を示してあげるのが重要なのだと思う。

國學院大のメンタルトレーナーの方から話を伺い、私はとても反省した。選手が互いに指摘するための環境作りができていないのに、それを求めていた自分を恥ずかしく感じたのだ。

さまざまな〝ピラミッド〟を作ることで、選手たちの自己肯定感が高まる。また、それと同時に「あいつは俺よりもここが優れているのか」と選手間の相互理解も深まる。こういった作業を指導者が続けていけば、技術的に劣る選手が優れた選手に指摘することも可能になるのだ。

## 選手のミスを責めない
### ――選手に寄り添うのが指導者の真の役割

チーム作りをしていく上で「選手同士が指摘し合う」ことの重要性は前項でお話しした通りだが、以前こんなことがあった。

送球のコントロールはあまりよくないのだが、バッティングがずば抜けていたのでライトのレギュラーで3番を打つ選手がいた。

シートノック中に、内外野の連係プレーの練習をしていた時のことだ。ライトからのバックホーム返球には、一塁手がカットに入る。ライトの選手が悪送球ばかりしているものだから、一塁手が「外れてもいいから、強いボールを投げろ」と、相手を思いやったとてもいい声がけをライトにしていた。私はその声がけを聞いて「いい声がけだな」と思った。

すると、ライトの選手はその声がけを聞いて、あろうことか不貞腐《ふてくさ》れた態度を取った。一塁手はレギュラーではなかったので、「お前に言われたくないよ」と思ったのかもしれないし、単に拗ねたのかもしれない。理由はどうであれ、私はライトの選手の不貞腐れた態度が許せなかった。このような態度を許していたら、チームはひとつになれない。だから、私は「その態度はなんだ！　お前のことを必死にフォローしようとしてくれている人間に対して、その態度はないだろう！」と厳しく叱った。

ライトの選手の態度を許してしまうと、お互いに何も言えない集団になってしまう。それは、私の求めているチーム像からはかけ離れている。そもそも、そんな集団はチームとは呼べない。高校野球の指導において、昔から続くよい習慣は守りつつ、今の時代に合わせて変えるべき部分は変えていかないといけない。そういった意味で、ライトの選手の取った態度は、いつの時代も指導者として絶対に許してはいけない部分だと感じたのだ。

その一方で、最近は選手がミスをした時に「何をやっているんだ！」と怒鳴るようなことはなくなってきた。

ミスをした選手は、私に怒鳴られるまでもなく自分のミスを悔い、反省しているはずだ。そんな選手を怒鳴りつけるのは、傷に塩を塗り込んでいるようなものである。

もちろん、普段の練習態度がちゃらんぽらんな選手には、「なぜそのミスが起こったかわかるか」と諭し、やるべき方向性を示してあげることは必要だろう。しかし、普段から一生懸命努力を続けている選手に対しては、気づいたことの助言程度で十分なのだと思うようになった。そして、そういう考え方になったら、選手のミスにも腹が立たなくなってきた。常に選手に寄り添ってあげるのが、指導者の真の役割なのだ。

選手のミスでは怒ることはないが、チームの一員として「これは許されないよ」ということは、選手たちにしっかり示す必要がある。とくに、ベンチ入りする選手たちに対して私が伝えている「許されないこと」は次の2点だ。

①点差が開いたからあきらめること

②自分のプレーで一喜一憂すること

ベンチ入りした選手たちは、スタンドで応援してくれている仲間の思いも背負ってプレーしなければならない。うまくいかないからといって不貞腐れたり、いい加減なプレーをしたりしている選手はもちろん、先ほどの2点が見えた選手を私は許さない。

ちなみに、先述したライトの選手はそれ以降、不貞腐れることはなくなった。そして卒業後、立命館大へ進み、野球部の選手会長を務めるまでの選手となった。この選手に限らず、高校卒業後も人として成長を続けている選手を見ると、とても誇らしく感じると同時に、「自分も人としてしっかり成長していかなければ」と身の引き締まる思いになる。

## メンタルを強くするにはどうしたらいいのか?

近年、高校野球でも「メンタルトレーニング」の重要性が説かれるようになってきた。現場では「あの選手はメンタルが強い」「彼はメンタルが弱い」と表現したりするが、私は監督になってすぐの時期に真剣に考えたことがある。

「〝メンタルが強い〟とは何だろう?」

と。プレッシャーのかかる場面でも緊張しない。そんな人を「メンタルが強い」というのか？　緊張はするが、それでもいいパフォーマンスを発揮できる人が「メンタルが強い」というのか？　だが、そもそもそれなりの技術がなければいいパフォーマンスは発揮できないのだから、技術あってのメンタルなのか？　考えれば考えるほど難しい。

メンタルとは、日本語に訳せば気持ち、精神、心ということになるだろう。試合中などでよく指導者が、「最後は気持ちだ！」と言って心臓のあたりを叩いて選手を鼓舞するシーンを見かける。でも、「気持ち」とはその人の「考え方」と言い換えてもいい。そして、不安は脳から派生するものだから、本当は「気持ちだ！」と言いながら胸ではなく、頭を指差さないといけないのかもしれない。

野球のみならず、何か重要な局面で物事に取り組んでいる時に、「失敗したらどうしよう」「私にはできない」とネガティブな思考に囚われてしまい、いいパフォーマンスを発揮できない人がいる。一般的には、こういった人のことを「メンタルが弱い」というのだろう。

しかし、最近私はそういった人が「メンタルが弱い」とは思えなくなった。今やろうとしていることが大事だとわかっているからこそ、「失敗したらどうしよう」と思う。そして緊張する。だから、私は選手たちに「どんな時も、その状況を受け入れなさい」と言うようにしている。「私はあがっている」「緊張している」「動揺している」など、何でもいい。試合中の自分がどうあろうとも、それを受け入れることが改善への第一歩なのだ。

常総学院の監督だった故・木内幸男さんは監督をしていた当時、「ぼくは緊張しています」というサインを作り、選手自身に出させていたという。甲子園でもこのサインを使っていたそうだが、選手に「自分は緊張した状態にある」と認識させることで、落ち着きを取り戻させ、緊張を少しでも解きほぐそうとしていたのだろう。

だから、私も選手たちに「不安に思ったことを言葉に出せ。不安を言葉で表現できたら、それはカッコいい」といつも言っている。私は、自分のあるがままを受け入れられる人が、本当に「強い人」なのだと思う。だから「メンタルを強くしよう」と思うのではなく、「自分は緊張しいだな」「自分は勝負弱いな」と受け入れればいい。弱い自分を受け入れることが、メンタルを強くする第一歩なのだ。

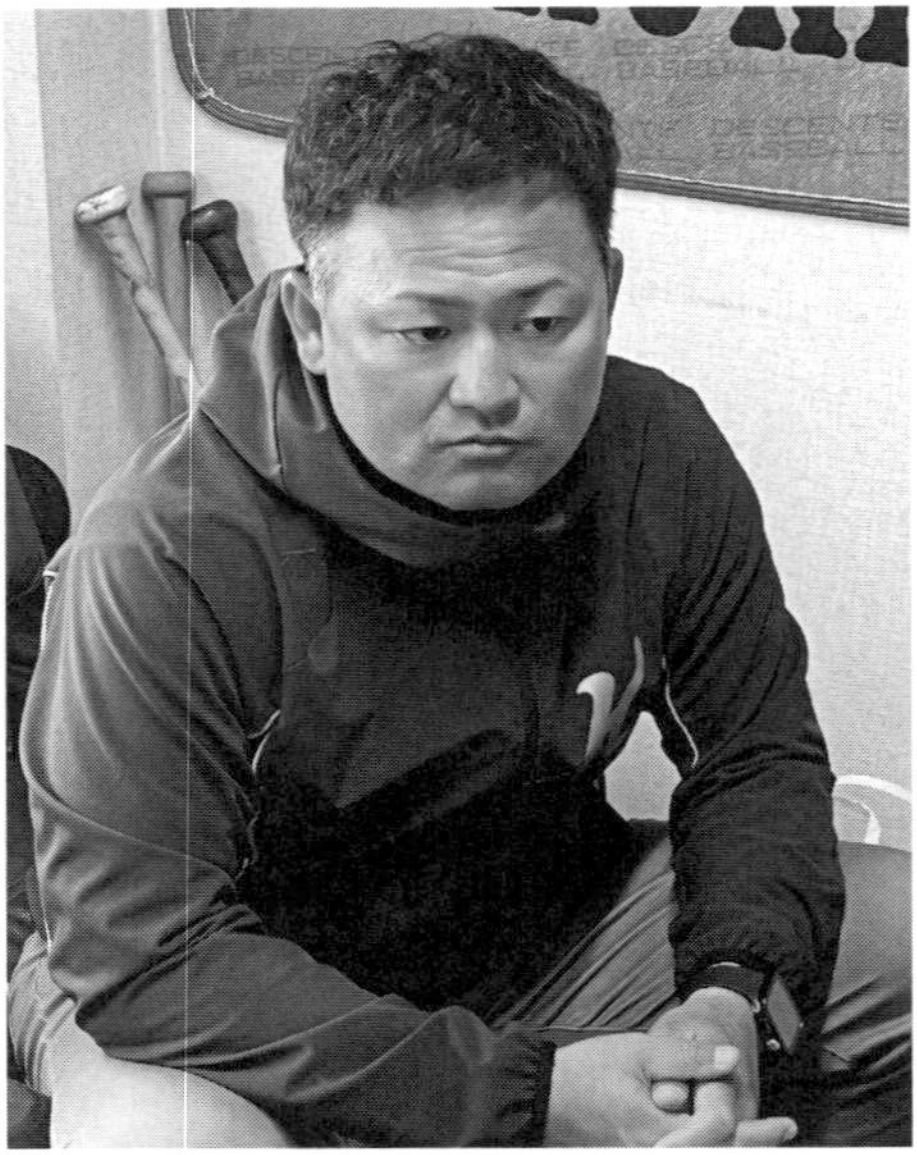

第4章

倉敷商の野球〈その1〉

# ピッチャーを中心とした守りをまずは固める

# 倉敷商の野球とは？
## ――脈々と息づく長谷川イズム

よく言われることだが、バッティングには波（スランプ）がある。しかし、守備と走塁には波が少ない。要するに守備と走塁は、バッティングよりも安定して力を発揮できるということだ。

守備と走塁を重点的に鍛え上げ、その成功確率を上げれば自ずと勝つ確率も上がる。これは野球というスポーツの、絶対に揺るがない真実だと今は考えている。だから、私たちはその確率を上げるために、日々の練習に取り組んでいる。

長谷川先生が私たちに示してくれた野球は、「ピッチャーが1試合で120球投げたら、野手には120通りの守備位置がある」ということだった。キャッチャーの構えた位置、球種、バッターの特性、風などの気象条件、相手チームの戦術など、さまざまな要件を一球一球考慮しながら最善の守備位置を導き出す。こういった細かい野球を、近年の選手たちはなかなか実践できない部分がある。

長谷川先生が監督だった頃に比べれば、残念ながら今は大雑把な野球になっている。しかし、そのことを嘆いてばかりいても前には進めない。だから、私や伊丹部長含め我々スタッフは、自分たちの引き出しをいろいろと開けながら、できるだけ選手たちが理解しやすいように倉商の野球を伝えている。

本校のシーズン中の練習はその時期、状況などを踏まえ、日によって異なる。決まっているのは月曜のウエイト、火曜のオフ、土日の練習試合くらいのものだ。

守り勝つ野球を追求すべく、守備練習には多くの時間を割く。飛んできたボールをアウトにするだけが、守り勝つ野球ではない。相手がやりたい攻撃を防ぐのも、守り勝つ野球のひとつの在り方である。

手前味噌な話で恐縮だが、強豪私学といえども、うちほど守備のバリエーションを考えている学校はあまりないと思う。用意されている守備のフォーメーションやパターンは、多ければ多いほどいい。こういった守備のフォーメーションを覚えることで、自分たちの攻撃の時にも「相手はこういうフォーメーションを敷いてくる可能性がある」と考えることができるからだ。

ちなみに守備時のサインプレーにおいて、本校ではノーアウト・ランナー一塁の場面だけでも7種類以上のサインプレーを用意している。また、その時のけん制にもいくつかのパターンがある。こういった練習をピッチャー、野手ともに毎日の練習の中で念入りに行っている。

## 本校の練習環境
### ——与えられた環境を有効に活用する

本校のグラウンドは学校から徒歩7〜8分の位置にあり、野球部の専用となっている（写真①）。グラウンドのサイズはレフト92m、ライト84m、センターは100m弱の四角形。それほど広くはなく、住宅街などもそばにあるため、グラウンドを囲うフェンスの高さは20mに設定している。

屋内練習場ではないが、屋根付きの鳥かご（5m×20mほどの広さ）はあり（写真②）、雨の日はここでティーなどをして練習する（普段はピッチングマシンを設置して、バッティング練習も行う）。しかし、約100名の選手をこの鳥かごだけでは収容しきれないため、雨の日は学校の廊下で体幹トレーニングをした

① 学校から徒歩7～8分の位置にある野球部の専用グラウンド

② レフトファウルゾーンに設置された屋根付きの鳥かご

り、階段を走ったりして、各選手がそれぞれで考えて練習に取り組んでいる。

グラウンドにある設備としては鳥かごに加え、ブルペンは一塁側と三塁側（写真③）に用意されている（三塁側はマウンドふたつ、一塁側はひとつ）。うちの選手がピッチング練習をするのは三塁側のブルペンで、一塁側は主に練習試合の時の相手チーム用である。

ピッチング練習は、全ピッチャー（3学年で15名程度）が毎日ブルペンに入れるよう、ピッチャー2名が順番に投げていく。

③ ふたりの投手が投げられる三塁側のブルペン

レフトのファウルゾーンにある2階建て建物の1階部分にウエイト室があり（写真④）、ここにウエイトの器具を置いている（2階は3年生用部室と監督室）。スペース的にはそれほど広くはないので、ウエイトトレーニングの時は器具を外に出して行っている。

オフシーズンのウエイトトレーニングは週2回（月曜と木曜）。月曜の練習はウエイトがメインとなり、火曜は先にご紹介したように完全オフである。

三塁側ベンチの横には2階建ての建物があり、1階が2年生、2階が

④ 多くの器具が置かれているウエイト室

1年生の部室となっている。その建物の壁面には、長谷川先生の格言「白球は正直だ」が大きな白文字で書かれている（写真⑤）。これらが、倉商のグラウンドにある設備である。

部員は2023年6月の時点で、1年生28人（マネージャー2人）、2年生17人（マネージャー3人）、3年生28人（マネージャー3人）が在籍しており、当然だが全員県内在住である。ただ、県内でも毎日通える距離にない者は下宿先で暮らしている。現在下宿生活を送っている者は3年生2人、2年生4人、1年生3人である。

⑤「白球は正直だ」という恩師の格言が大きく書かれた壁面

ちなみに、中学生の視察活動は、シーズンオフに主に私か伊丹部長が行くようにしている（対象は中学2年生）。だが私学と違って、有望な中学生選手がいたとしても「野球も勉強もがんばって、ぜひうちに来てください」としか言えないのが実状だ。

## 私には甘えられるスタッフがいる
### ――「チーム倉商」として100点を目指す

本校野球部のスタッフ構成は、監督である私の他、次の通りである。

部長　伊丹健（OB、打撃担当）
副部長　野間貴之（OB、岡山県高野連の理事長でもある）
笠原康位（OB、守備担当）
山下哲也（新入生担当）
渡辺宏樹（OB、新入生担当、Bチーム監督）

外部コーチ　近藤健太（ＯＢ、主に土日祝日に帯同するピッチングコーチ、ＪＦＥ物流勤務）
山本浩之（ＯＢ、トレーナー、パーソナルジムを経営している）

序章の作新学院・小針監督のところでも触れたが、本校は他校に比べ、スタッフはとても充実しているほうだと思う。未熟者の私が何とか監督としてやっていけているのは、このように支えてくれる人たちがいるからである。

以前、所ジョージさんがメディアで面白い発言をしていた。仕事が50点、子育てが50点だとしても、合わせて１００点だからいいじゃないかと。その話を聞いて、私は「面白い発想だな」と思った。

私が監督として、１００点を目指すのは当然のことだ。社会人の方なら仕事場で１００点を目指し、子どものいる親なら親としての１００点を目指すだろう。それはそれで必要なことであり、多くの人たちが普段の生活の中でいろんな１００点を目指しているのだと思う。

でも、１００点は誰でも簡単に取れるものではない。だから苦しくなる。そこで私は、所さんのように発想を変えた。支えてくれる人、助けてくれる人が多い人間ほど成功する確率が高まるし、何よりも選手たちの成長にとって、私ひとりですべてにおいて100点を取り続けることは不可能だと思っている。だったら遠慮しないで、カッコつけないで、甘えられる部分は甘えてしまおう。このように考えられるようになってから、いくぶん気が楽になった。

私にはバッティングを見てくれる伊丹部長がいて、ピッチングを見てくれる近藤コーチがいて、トレーニング法を考えてくれる山本トレーナーがいて、大局的な視点から部を見守ってくださっている長谷川先生（現OB会長）がいて、その他にもOB会や保護者会、卒業生、そして現役の選手たちが野球部や私を支え、助けてくれている。私は自分ひとりだけで100点を目指すのではなく、この環境、いわば「チーム倉商」として合計100点を目指せばいいのだと考えている。

私の仕事は、この「チーム倉商」の100点の質をより高めていくことである。もちろん、未だ100点には至っていない。100点に達することはなくとも、その質の追求は絶対にあきらめない。私を含め、野球部のスタッフはみんな「もっといい指導者になりたい」と思っているはずだ。この「チーム倉商」のみんなが支え合い、助け合っているからこそ、それぞれががんばれる。まわりに頼るのは、決して悪いことではない。

私たち人間は、決してひとりでは生きていけないのだから、支え合っていけばいい。

「助けてくれる人がたくさんいる」

これが、私の最大の強みである。

試合中、「バントをさせようか」「打たせようか」と采配で迷うと、私はベンチにいる伊丹部長に躊躇なく聞く（伊丹部長は私より7歳年上）。「ここはどうしたらいいと思いますか？」と聞くと、伊丹部長はその都度「送っといたほうがいいと思うよ」「打たせたほうがいい」と助言をくれる。伊丹部長には、いつも「ぼくの背中を押してくれる必要はないです。伊丹部長が思っていることをそのまま言ってください」とお願いしている。何よりも選手たちのために考えを述べてくれた伊丹部長の言葉を、私は心から信じられる。私は自分自身より、選手とスタッフを心底信じている。だからこそ、決断に迷わない。

こんな私であるから、支えてくれるすべての人に感謝するのは当たり前のことだ。そして、監督の私だけでなく、それを支える周囲の人たちに、もっとスポットの当たる高校野球になればいいいと切に願う。

## 普段の練習と本校独自のコンビネーションノック

先に述べたが、月曜はウエイトメイン、火曜は完全オフとなり、水〜金曜の3日間で走攻守などさまざまな練習を行う。練習時間は授業の終わった15時40分頃から19時まで。遅くとも、20時までには選手全員がグラウンドを出ることに決めている。

自主トレは平日の朝練で行う（自主トレだが、ほぼ全員が参加している）。朝練時間は7時から8時頃まで。意識の高い選手は、6時30分くらいから来て朝練を行っている。私と伊丹部長、渡辺先生は朝練にも基本的には付き合う。選手たちは家で朝食を取り、朝練が終わった後に補食を取っている者もいる。

第1章で触れたが、練習時間の19時終了は森光先生の時代から続いている。それまでは、21時頃まで練習を行っていたのを、森光先生が19時までに変えた。練習時間はたしかに短くなったが、決められた時間の中で効率よく集中して行うため、練習の質は上がっているように思う。

放課後の練習は15時40分頃から始まり、アップ、キャッチボール、ペッパー（トスバッティング、4人1組）の順でやっていくが、決められているのはこのくらいのもので、後はその日、その時のチーム状況によって各種ノック、バッティング練習、走塁練習などさまざまなメニューに取り組む。このメニューに私の考えのすべてを盛り込むことが、監督である私の最大の仕事のひとつだ。

中でも倉商の伝統となっているのは、ノックのひとつである「コンビネーションノック」だ。これはピッチャーも入って行う内野ノックなのだが、ノッカーが休む間もなく、矢継ぎ早に打っていく。コンビネーションノックは、試合中の状況を設定して、野手がいろいろな動きに対応できるように行っているものだ。そのパターンをいくつかざっと挙げると、

A　ファーストゴロ（ピッチャーがベースカバーに入ってトス）、ショートゴロ（二塁送球、ゲッツー）、サード側スクイズ（サードやホームへトス）

B　ピッチャーゴロ（二塁送球）、セカンドゴロ（二塁送球、ゲッツー）、キャッチャーゴロ（三塁送球）

C　サード前にバント（ピッチャーが捕って三塁送球）、ファーストに高いバウンドのゴロ（二塁送球、その後ショートが三塁に送球）

といった具合に、パターンがFまである。それを2周行う。ノッカーが絶え間なく打ち、野手も素早く動くので、2周しても5分ほどしかかからない。公式戦の前のシートノックでも1周だけ行う、倉商の名物ノックである。

普段の練習では、コンビネーションノックをAチームが行い、外野のセンター付近に内野をもう1面作り、そこでBチームが同じようにコンビネーションノックを行う。この時、外野手はバッティング練習をしたり、外野の空いたスペースを利用して外野手だけのノックを受けたりしている。

# 試合には流れがある
## ――勝つには、最終回だけリードしていればいい

野球というスポーツは他の球技と違い、攻撃と守備の時間が明確に分かれているという特徴がある。しかし、攻守が分かれているにも関わらず、両者の間には目には見えない流れが存在している。「ピンチの後にチャンスあり」と言われたりするが、野球でも守備でピンチをしのいだチームが攻撃に移った途端、チャンスを迎えるというシーンをよく目にする。

私は攻撃時において、3アウト目のアウトのなり方にこだわっている。うちが守備だったら、相手のしたい攻撃を防ぐのが一番相手にダメージを与えられる。それを逆に考えれば、こちらが攻撃だったとしたら、走塁死による3アウト目は絶対に避けたい。だから、そうならないような采配を振っている。

ピッチャーは、決め球を打たれたら嫌なものである。だから私は、相手のベンチ、監督と戦う。相手が何をしてくるのかを読み、私の考えをサインでバッテリ

ーに伝える。守備時には、そういったことにも気を配る。

9イニングの中で、「このイニングが勝負だ」と感じる回もあれば、「このイニングは眠っていてもいい」という回もある。

例えば、こちらの攻撃で2アウト・ランナー一塁、バッターは9番だったとする。ここは1点欲しいという状況。でも、私は盗塁などをさせず、バッターにそのまま打たせる。なぜなら、9番が打ち取られてチェンジになったとしても、次のイニングは1番バッターから始まるのだから、そちらのチャンスにかければいい。だから、このイニングは9番に打たせて、ヒットが出ればラッキーという感覚で臨む。試合の中にある流れの邪魔をしてはいけないのだ。

県大会で優勝するまでには5試合あるとして、単純に計算すれば合計で45イニングとなる。高校生は考え方がまだまだ未熟なため、45イニングのすべてでリードをしたがる。しかし、野球で勝つには最終回にリードをしていればいいのだから、県大会5試合で5イニングだけリードしていれば優勝できることになる。

それなのに、高校生は1試合における他の8イニングもずっとリードしていたいと考えがちなため、流れを読まないし引くところと押すところの加減もわからない。一生懸命すぎてまわりが見えなくなり、その隙を相手に突かれて動揺し、ミスを犯して自滅していく。だから、私は選手たちにいつも言っている。

「いいか、最終回だけリードしていればいいんだ。途中で相手にリードされたり、逆転されたりしても気にするな」

と。高校野球には、試合の流れもあれば、大会全体の流れもある。夏の大会の初戦には、エースを使うという監督さんも多い。「1回戦を勝たないと2回戦はないから」「大事な最後の大会はエースで始めたいから」など、いろんな理由があるのだろう。そして、そのいずれも一理あるだろうが、私の考え方は少し違う。私は1回戦に勝っても、2回戦で負けたら意味がないという考え方だ。

つまり、大会全体を俯瞰して捉え、優勝するにはどうするのがベストなのかプランを立てる。全試合でエースを投げさせるわけにはいかないから、押すところと引くところのバランスも考え、ぎりぎりで勝てそうならエースの体力を温存しておくほうを優先する。

思うようにいかないのが公式戦ではあるが、そういったことも想定した投手起用の練習試合も行い、さまざまな試合の流れ、大会の流れに対応できるよう準備しておく。試合中の流れ、大会全体の流れ、それぞれをいかに読むか。こういった部分にも監督の手腕は問われているのだと思う。

## 守備の基本は徹底しているけれど
### ――型よりも、アウトにすることが大切

手投げでゴロを転がし、それを正しい捕球姿勢で捕る。うちではこの基本練習を、ゴロを転がすことから「ゴロコロ」と呼んでいる。

ゴロコロは、守備の基本姿勢を身に付けるために行う。一方、ノックは捕球姿勢を身に付けるだけでなく、バウンドに合わせる（捕りやすいバウンドで捕る）技術を磨くために行う。それぞれに正しい目的があり、それを理解していないと身に付くものも身に付かない。

ゴロコロには、守備で一番難しい「バウンドに合わせる」という作業がない。だから、基本姿勢＝捕球の型だけに集中して練習ができる。うちでは、オフシーズンにゴロコロを徹底して行う。これは、倉商の守り勝つ野球の基礎中の基礎と

いっていい。

捕球姿勢の型の指導において、選手たちには「上（半身）は0、下（半身）は10の感覚で」と教えている。要するに上はダランと力を抜き、下半身に意識を置く。ゴロ捕球は、右足を置く位置ですべてが決まる（右利きの場合）。ゴロ捕球をした後には、必ず送球動作が入る。この一連の動作の中でスムーズな体重移動をするためにも、最初の一歩である右足を置く位置が重要なのだ。

体重移動は歩く動作と同じである。右足を置いたら次は左足が来て、その次にボールを投げるために右足を蹴って送球動作に入る。送球時に右足で地面を蹴るが、この時に意識しなければいけないのは右足ではなく、その起点である右の股関節だ。歩く動作は股関節が起点になっている。だから守備の動きでも、股関節を意識することがとても大切なのだ。

このように、守備の基本は徹底して鍛えているが、実際の試合では最近考え方が少しずつ変わってきた。

昔の私は、捕球の型にこだわっていた。正しい捕球姿勢、正しい送球でアウトにしないとよしとはしなかった。捕球姿勢が悪いとエラーをする確率が高まるし、ストライク送球をしなければ捕球する側がエラーするかもしれない。結果オーライは決して認めず、とにかく型にこだわっていた。

しかし最近、私はその考え方を改めた。守備の目的は、アウトを取ることである。だったら、型はどうであろうと、送球もどうであろうと、アウトにしていればそれは守備の最大の目的を達成していることになる。それなのに、怒る必要がどこにあるというのか？　もちろん、普段の練習では、正しい型を身に付けようとするのは大事である。でも試合では、そこにはまったくこだわらない。アウトにさえすればＯＫ。反省点があるなら練習で確認すればいい。試合中は目的を遂行してさえいれば、「最低限の目的は達成している」という考え方になった。

よくないのは、ノーエラーなのにセーフにしてしまい、その時に指導者が「今のは型は正しいからＯＫ」としてしまうことだ。セーフなのだから、型とか送球とかは関係なく、ダメなものはダメ。日本は昔から〝型〟を重んじる文化があるため、そのような指導になってしまうのだろうが、野球で一つひとつのプレーが何を目的にしているものなのかを見失ってはいけないと思う。

また、余談だが本校ではバッティング練習時の守備も、とても大切な練習だと考えている。フリーバッティング時などの打球は、ノックとは違い実際にバッターの打った「生きた打球」である。バッティング練習の守備は、ただの球拾いではない。キャッチング、スローイングすべてに目的意識を持たせる。バッティング練習は、バッティングを鍛えるだけの時間ではない。守備を磨く時間でもあるのだ。

## ピッチャーに登板予定は伝えない
### ——明日の勝利のために走る「勝ちラン」

元ＪＦＥ西日本のピッチャーだった近藤コーチがグラウンドに来るのは、週末の土日と祝日だけのため、基本平日は監督である私がピッチャーを見ている。投手陣はピッチング練習の他、ランメニュー、バント処理、けん制など、その時々の状況を見ながら課題を決め、練習に取り組ませている。毎日、すべてのピッチャーにブルペンに入っていいとは言っているが、実際にブルペンで投げる、投げないは本人の判断に任せている。基本は、投げる球数も本人任せ。土日の試合に向けて、それぞれが仕上げてくれればそれでいい。

シーズン中の土日は練習試合を行うが、誰を登坂させるかなどの予定は基本的には選手に伝えない。夏の大会になったら、次の試合で誰が登板するかはその時々の状況で目まぐるしく変わる。準決勝、決勝くらいまで勝ち上がれば、「次はエース」ということも大いにあり得るが、それにしてもエースが大会中に故障するかもしれないので、1週間前に登板は決められない。

だから、大会に入ってから動揺しないためにも、普段から投手陣には何も伝えず「投げる可能性はある」という前提で準備、調整をさせている。登板を伝えるのは、当日になってからだ。公式戦であれば、近藤ピッチングコーチから「この選手は性格的に知っておいたほうがいいので、知らせていいですか?」と言われたら事前に伝えるケースもある。

ピッチャーによっては、投げるよりも下半身の強化に重点を置かせる場合もある。グラウンドの近くに、葦高山《あしたかやま》という山があり、そこには走るのにちょうどいい坂がある。そこで走り込みをさせる時もあれば、グラウンドの周辺(1周1キロのコースがある)を走らせることもある。「もうちょっと体のキレが欲しい」

という場合は、短いダッシュを繰り返し行わせる。

かつて、日本のスポーツ界では指導者の思い付きだけの、理不尽な練習メニューが課されることも当たり前のようにあった。きつい練習をすれば根性が付いて、メンタルも強くなる。昔は、そんな考え方の指導者がたくさんいた。

でも、私はきつい練習をたくさんしたからといって、メンタルが強くなるとは思っていない。だから倉商でも、選手を苦しめるだけの理不尽な練習は一切していない。

とはいえ、ランメニューで下半身を鍛えることは、とても重要である。試合に負けた後、うちではピッチャーなどにランメニューを課す時もあるが、これは俗に言う「負けラン」ではなく「勝ちラン」だと選手たちには伝えている。負けたから、その罰で走るのではない。今日の負けを、明日の勝ちにつなげるために走るのだ。だから倉商の「勝ちラン」では、選手たちはみんな明るく、楽しそうに走るのが決まりである。

要は、何を目的にするかで、選手の練習に対する取り組み姿勢も変わってくるということなのだ。

## ピッチャーに求められるもの

優れたピッチングマシンは、コントロールがいい。何百球と投げても、コントロールが乱れることはない。これは同じ動きをずっと続けられるからなせる業なのだが、要するにピッチングマシンには「再現性」があるということである。

人間は機械ではないから、投球数が増えてくれば体が疲れてきて、同じ動きを続けられなくなる。疲労はまず下半身に表れ、投げ始めからうまく体重移動ができなくなるため、再現性も失われるのだ。疲れてきたり、あるいはランナーが出たりすると「コントロールが悪くなる」と言われるピッチャーは、再現性がないからそのような状態になってしまう。だからこそ、ピッチャーは土台となる下半身を鍛えなければならない。

実戦的なピッチングを身に付けるには、ブルペンで球数を放るのではなく、バッターを相手に投げるのが一番である。うちでは第1段階として、バッティングピッチャーで投げさせる。次に第2段階として、シートバッティングでピッチャーをさせて、ランナーなどがいる状況に慣れさせる。そして第3段階が練習試合、第4段階が最終ステップの公式戦となる。

ピッチャーにこのステップを踏ませていくと、どこかでつまずく。つまずくには必ず理由があるので、その理由を立ち止まって考えさせて修正させる。ブルペンではいいボールを投げるのに、いざマウンドに上がるとまったくダメなのは、その間に原因があるということだ。私たち指導者はそれを見つけてあげて、「こうしたらいいんじゃないか?」とヒントを提示する。

その問題がクリアできたら次のステップに進み、そこでまたつまずいたら原因を考えて対処する。強いチームを作るには、こういった地道な作業をいかに根気強く続けられるかにかかっているのだと思う。

1年生のうちは、よほど実力のあるピッチャーでなければ、ブルペンでの投球と下半身を鍛えることがメインの練習となる。その後、2・3年生になったらまずはバッティングピッチャーをさせて、実戦感覚を養っていく。1年生にバッティングピッチャーをさせると「上級生にデッドボールなどを当てたら大変だ」と過度に意識しすぎて、イップスになってしまう可能性がある。だから1年生には、無理にバッティングピッチャーをさせることはしない。

また、ピッチャーたちにはいつも「高低のコントロールをまずは身に付けなさい」と言っている。高めの失投は長打になる可能性が高く、コースのコントロールミスよりも失点につながりやすい。岡山の大会のメイン球場となる倉敷マスカットスタジアムは、両翼99・5メートル、センターは122mの広さがあってホームランはなかなか出ないのだが、広いからこそ長打は命取りとなる。最少失点でしのぐためには、高低のコントロールが大切になってくるのだ。

もうひとつ、「ピッチャーには3つの要素が求められる」という話もよくする。

3つの要素とは、
① コントロール
② スピード
③ キレのある変化球
の3つである。この3つが備わったピッチャーがいれば、甲子園で優勝できる可能性が出てくる。2つあれば、甲子園で1勝はできる。ひとつしかないピッチ

ャーは、県大会で勝ち上がるのも難しい。

エースひとりが何試合も完投するという時代は、もう終わった。これからの高校野球は、継投でつないでいくのが主流となってくるだろう。

継投しなければ、今の時代は勝ち上がれない。ということは、多少レベルの落ちるピッチャーでもそれをどう生かし、どうつないでいくかが大きなポイントとなる。野手にも同じことが言えるが、選手たちにはそれぞれ違った長所がある。その長所を最大値で生かせるポイントで選手起用ができれば、継投に限らずベンチ入り20人を有効に活用した戦い方が展開できるだろう。

ちょっと前までは、20人枠の中に4人＋1人（野手兼）＝5人のピッチャーがいればいいと考えていたが、これからは4人＋2人＝6人のピッチャーが最低でも必要になってくる。左ピッチャーも、少なくとも1枚は絶対に必要である。公立校として、投手陣のやりくりには苦労する部分も多いが、そこを何とかクリアして強いチームを作るのが、私の役割だということも十分に認識している。

## ウエイトトレーニングと冬場のランメニュー

年間を通して月に1度、ウエイトトレーニングの指導に山口県のアクティブという会社が来てくれている。

シーズンオフは、その年によってやるメニューはいろいろと変えている。ウエイトトレーニングを毎日やった年もあるが、今はトレーナーの指導などもあり、週2回程度に落ち着いている。

シーズンオフ中の朝練は行わず、練習時間はシーズン中と同じく19時まで。うちには内野程度なら照らすことのできる照明があるので、暗くなってからゴロコロや内野ノックなど、守備の基本練習を行っている。

基本的に、シーズンオフもバッティング、ピッチング、守備、それぞれの練習は行う。ピッチャーは冬でもボールを握っていたほうがいいという近藤ピッチングコーチの判断だ。もちろん、あまりに寒い日はピッチャーに投げさせることはしない。ピッチャーだけでなく、寒い日は野手もキャッチボールを省いたり、バッティング練習中の守備でも送球をなしにしたりして対応している。

また、冬場はアリゾナと呼ばれるボックスランを多く取り入れている他、90メートルの直線ダッシュを繰り返すトレーニングもよく行う。

アリゾナは、1辺50mの四角形をグラウンドに作り、笛に合わせてまず1辺をダッシュで走り、角に到達したら次の角まではジョグ。そして、笛が鳴ったら次の角までダッシュして、再びジョグで元の位置へ。これを数セット繰り返す。

アリゾナのようなボックスランは、体力を付けるだけでなく、「心拍数を上げてからできるだけ早く戻す」という訓練のために行う。試合中は、呼吸をいかに早く整えるかも、いいパフォーマンスを発揮する上で重要なポイントとなってくる。だから、指導陣もアリゾナ中は「呼吸早く整えて！　はい、呼吸、呼吸！」と選手たちに一刻も早く呼吸を整えることを意識させている。

ボックスランをさせている理由はもうひとつある。野球は「回転のスポーツ」だと私は考えている。ピッチャーも回転して投げるし、スイングも回転運動である。ランナーもダイヤモンドを回転して走る。

このように、野球は「回転のスポーツ」なのだから、練習の中に回転を入れるのは当然のことである。ただ、毎日やるのはオーバーワークになってしまうので、アリゾナは3日に1度くらいの間隔で行うようにしている。

第5章

# 倉敷商の野球〈その2〉
# バッティングと走塁&遠征他

# 倉敷商のバッティングの基本と練習

私が監督となってから、バッティングに関してはそのすべてを伊丹部長にお任せしている。そこでバッティングの本項については、伊丹部長に述べていただくことにする。

## ［フリーバッティングの練習方法］

本校のバッティング練習（フリーバッティング）では、ゲージを３つ使う。投げ手はピッチングマシンと人を併用しているが、その日の状況や課題の取り組む内容によって組み合わせは変えている。

人が投げる場合は、山なりのボール（うちではハーフと呼んでいる）を投げたりもする。マシンの変化球は実戦的ではないので、本当は変化球もマシンではなく人に投げさせたい。しかし、選手を酷使するわけにもいかないので、仕方なくマシンを使っている。

100人ほどの部員がいるため、フリーバッティングを3班にしても、全員がバッティング練習を行うことはできない。そこで、余った選手たちはまた別の班を作り、鳥かごでのマシンバッティングやティー、守備など、別にローテーションを組んでメニューをこなす。とにかく、どのように組み立てたら選手たちのために時間が有効に使えるか、それを追求している。

## 【速球対策として緩いボールを打つ】

150キロ級のピッチャーと対戦する時は、選手たちにマシンで150キロを打たせたりもすることもあるが、他校ほどは速球対策として高速マシン打撃を行っていないと思う。仮に高速マシン打撃を行ったとしても、それは「打つ」というよりは「目を慣らす」という意味合いのほうが強い。

私がフリーバッティングで選手たちによくやらせるのは、先述したハーフ（山なりのボールを打たせる）である。

なぜ、高速ピッチャー対策として山なりの遅いボールを打たせるのか？　それは、山なりのボールは自分のタイミングで打てるからだ。

マシンで速い球を打つと、自分のタイミングではなく「1、2の3」と機械的に打つようになってしまう。しかし、実際のピッチャーは緩急を使ったピッチングをしてくるため、この機械的なタイミングの取り方に慣れてしまうと、遅い変化球を投げられた時に対応できない。

遅いボールは、重心をグッとためて自分のタイミングで打つ。これなら、自分の間合いでしっかりとしたスイングができる。速いボールの時は、その間合い（タイミングの取り方）を早めればいいだけである。そういった理由で、うちでは速球派対策として高速マシンを使うより、自分の間合いでスイングできるハーフを行っているのだ。

選手の中には、遅いボールを打つ時の基本である「グッとためて打つ」というスイングができない選手もいる。私はそういった選手には「センターから逆方向に強い打球を打て」と言うようにしている。こういった選手たちに「重心を残せ」とか「ポイントを近く」と指導しても、なかなか伝わりづらい。こういう時は、理屈や理論よりも打球の方向を示してあげたほうが選手は理解しやすい。

ただこの時、逆方向への意識が強くなりすぎると、バットのヘッドが寝た状態で出てきてポップフライになりやすいので、ヘッドを立てて振ることの大切さも合わせて伝えるようにしている。

## ［スイングの基本を身に付けるために――バットの重みを生かす］

基本的な考えとして、トップの位置に入ってからのバット軌道は、ヘッドが立って出てくるのが理想である。それが、バッティングの基本であるレベルスイングへとつながっていく。だが最近では、レベルスイングを意識するあまり、自分のイメージよりもヘッドが落ちてスイングしている選手が目立つ。

バットには重さがあるのだから、上から下へと自然に落ちてくるものである。だから「バットを落とす」というよりは、「バットの重みを生かして始動する」というイメージでスイングしたほうがいい。

バットの重みを生かして振れば、力むことなくフルスイングができる。イチロー選手は現役時代、打席に入る前にゴルフスイングのような素振りをしてから打席に入っていた。あのスイングの始動時が、まさに「バットの重みを生かした始動」となっている。

## ［スイング時の後ろ肘の使い方］

スイングの時、一番大事になってくるのは、右バッターだったら右肘（後ろ肘）の使い方である。スイングしている時に後ろ肘が体の近くを通れば、ミートポイントまでインサイドアウトの理想的なスイングができる。逆に、後ろ肘が体から離れてしまうと、ドアスイングになる。

うちでは、スイングの際に後ろ肘が体のそばを通ることを「ベーシック」と呼び、練習中のみならず、試合中も「ベーシック、ベーシック」と声がけをして、ドアスイングではなく、インサイドアウトの基本スイングになるように気をつけている。このように後ろ肘の使い方を意識することで、スイングはインサイドアウトとなり、速いボールにも対応できて、バッティング時に差し込まれることも減ってくるのだ。

## ［練習中に選手を見ているポイント］

私が練習中に一番気をつけて見ているのは、選手たちの頭の位置である。バットの振り始めから振り終わりまで、頭がどれだけずれているかを見る。前に突っ込みすぎていたり、後ろに重心が残りすぎていたり、軸がブレてしまったりしている選手には、その選手にもっともふさわしい重心の在り方を伝える。この重心の在り方は選手によって違うので、一概に「これ」といえる正解がないから指導にも気をつかう。

どんな選手でも、必ず一度は壁にぶち当たる。私たち指導者はその時に「どうする?」と選手たちと一緒に考え、もっともふさわしい助言をしてあげなければならない。

## [芯で打つ技術を磨くためにペッパー導入]

以前、花咲徳栄と練習試合をした際、花咲徳栄の選手たちはバッティング練習でゲージを使っていなかった。岩井隆監督に聞くと、マシンだろうが、人間だろうが、バッティングの時にボールを芯で捉えるのは当たり前のこと。ファウルになったり、ゲージの網に当たったりしているようではまったく話にならない。だから、普段から芯で捉える重要性を意識するために、ゲージは使わないのだと教えていただいた。たしかに、花咲徳栄の選手たちは打ち損じが少なかった。

岩井監督の話を伺い、私も「芯で打つ」という意識を持つことはとても重要だと思った。しかし、うちの選手たちのレベル、さらには練習環境からいって、ゲージを使わずにバッティング練習をするのは、安全面を考慮しても現実的ではなかった。だから、その代わりにペッパー（トスバッティング）を行うことにした。

ペッパーの時に芯で捉えるのは当たり前のことである。でも、その意識を選手たちにしっかり持ってほしかった。だから毎日の練習のキャッチボールの後、4人1組に分かれて、ひとり10本のペッパーを必ず行うようにしている。4人1組にしているのは、投げ手の他に左右に守備を配し、引っ張る打球、流す打球ともに芯で打つ感覚を身に付けてほしいからだ。

ここまで、伊丹部長に本校のバッティングについて述べていただいた。以前は、シーズンオフに「1001本」などと振る本数を決めていたが、2022〜2023年2月にかけての今オフは、伊丹部長の意向もありスイング数はとくに定めなかった。ただ、みんなで笛の音に合わせて行う素振り（30分間で540スイング）などは行っていたので、他のバッティング練習も入れれば軽く1000本は超えていたと思う。

レベルの高いピッチャーになればなるほど、甘いボールは投げてくれない。バッターは甘く入ってきたボールを、1球で仕留める必要がある。その精度を高めるためにも、最近行っているペッパーは欠かせない。

近年、対戦した監督さんから「倉商、結構打つね」と言われることが多くなった。それもこれも、バッティングを見ていただいている伊丹部長のおかげである。

## 明豊・川崎絢平監督から学んだワンバンスタート

最近、走塁練習に関しては、選手たちに考えさせて行うことも多くなってきた。私は時間だけを指定して内容は走塁担当の主将に任せ、その時間内は選手たち自身で走塁練習に取り組ませている。ボールを使った走塁練習、使わない走塁練習など、バリエーションは今までの練習でいろいろと教えてある。あとは選手たちが、今の自分たちにとって何が課題なのか、そのためにはどういった練習が必要なのかを考えてくれればいい。

選手たちが自主的に行っている走塁練習を見ていて、注文をつけたくなることもあるが、そこはぐっと我慢してこらえている。私が「こうしたほうがいい」などと言ってしまったら、選手たちの自主性を損ねることになる。だから、私は何かを言いたくなったら「選手たちは今、自分たちで考え、成長しているのだ」と自分に言い聞かせ、ただ練習を見守っている。

走塁に関して、最近改めて「ワンバンスタート」の意識づけを選手たちに再認識させている。これは明豊と練習試合をした際に、川崎絢平監督から教わったものである。

「ワンバンスタート」とは、ランナーが一塁か二塁にいる際、ピッチャーの投球（変化球）がワンバンの軌道に入ったらスタートを切ることを意味している。明豊と試合をした時、川崎監督はこの「ワンバンスタート」の意識づけをランナーに徹底して行っていた。

あるジェスチャーで、ランナーに「ワンバン、ワンバン」と心で唱えさせて準備をさせる。そして、ピッチャーの投球がワンバンの軌道に入ったらスタートを切る。練習試合でも、すばらしい「ワンバンスタート」の盗塁を2回された。あまりにもすばらしいスタートを切られたので、後で川崎監督に聞くと「ワンバンスタート」は普段練習していないという。このスタートの感覚は、練習で養うのは難しい。試合の中でチャレンジして、その感覚を磨いていくしか方法はないのだそうだ。

実際にやってみればわかるが、「ワンバンスタート」は非情に難しい。「ワンバンスタート」という呼び名だが、スタートを切るのはワンバンしてからでは圧倒的に遅い。ランナーは配球を考え、球種をあらかじめ予測し、変化球がワンバンの軌道に入ったと思ったらスタートを切らなければならない。傍から見たら何気なくスタートを切ってセーフになっているようでも、選手がやっていることのレベルは相当に高い。

この「ワンバンスタート」に、うちも改めて取り組んでいこう。そう話した後、選手たちにこんな質問を投げかけた。

「試合の中で3回、ワンバンスタートをしました。2回セーフになりました。チームとしての成功は何回ですか？」

ある選手が「3回かもしれないし、0回かもしれません」と答えた。これは、100点の回答だと思う。かなりいいタイミングでスタートを切ったとしても、キャッチャーがうまく捕球すればアウトになることもある。要は、アウトになったとしても、ワンバンの軌道に入った瞬間にスタートが切れたのであれば、狙いとしては成功なのだ。逆にセーフになったとしても、ワンバンしてから走っているようでは失敗である。

「ワンバンスタート」では、結果ではなく過程を見ていこう。つまり「いつスタートを切ることができたか」という点に絞って、成功か失敗かをチームとして判断するという基準を全体で共有したのだ。そのような共通認識のもとで、今も「ワンバンスタート」の技術をみんなで磨いている。

## ノーアウト・ランナー一塁で安易にバントを選択したくない

かつての高校野球は、ノーアウト・ランナー一塁の場面では、かなり高い確率で送りバントが行われていた。しかし近年、甲子園などを見ていてもわかるように、ノーアウト・ランナー一塁でバントをしないチームも増えてきた。序章でご紹介した作新学院の小針監督も、送りバントをあまり選択しない監督として有名である。

２０１９年の夏に倉敷商の監督に就任し、私はこれからどのような野球をしていくべきかを考えた。倉商の伝統はもちろん大事にしなければならない。だが、時代に即して今いる選手たちの特徴、持ち味を生かした野球をしていくのが最優先であると私は結論づけた。

監督に就任してすぐ、私は先輩でもある伊丹部長に「新チームでは打たせていきたいんですが、何かいい方法はないですか」という話をした。ノーアウト・ランナー一塁の時に、安易に送りバントを選択したくない。9イニングのアウト27個のうち、毎回送りバントをしていたら9個、つまり3分の1のアウトを相手に献上していることになる。

「これが本当に正しいのか?」

と思ったのだ。

今までの倉商なら、疑う余地なく送りバントだったように思うし、必ずしも疑う必要などないのかもしれない。でも、それを疑ってみよう。まずは自分自身を否定してみよう。すべてのスタートは、そこから始まると私は考えた。

打ち勝つにはホームランを打つのが一番だが、それを選手たちに全打席求めることなど不可能だ。ならば、ノーアウト・ランナー一塁から、一二塁間あるいは三遊間にゴロを打ってつなぐような打撃をしたい。

そのためには何が必要か?

まず、相手チームの二遊間の守備位置を見る。とくにショートを見る。中には手を抜いて、さぼっているショートもいる。手を抜くショートは「どうせバントでしょ」と考えて、二塁の近くにいるから三遊間が大きく空く。

ノーアウト・ランナー一塁の場面では、一二塁間にゴロを打つのが定石なので、相手バッテリーは一二塁間方向に打たせないために、右バッターの場合ならインコース中心の配球をしてくることも考えられる。その時にショートがさぼっているのであれば、三遊間のほうがゴロで抜きやすい。これが、私たちの目指すつなぐバッティングだ。

「送りバントならいつでも決められます」という技術を、選手たちにはまず身に付けてもらう。そうすると、2ストライクまでいろんなチャレンジができる。かつてのように、ファーストストライクからバントでいくのは、ヒットや四死球などさまざまな可能性をつぶすことになるので損でしかない。ましてや、たった1球で1アウトを献上するなど、相手投手にとってはありがたい話なのではないかと考えたのだ。だから、同じバントを決めるなら最後の最後でいい。それならピッチャーに球数を放らせることができるし、四死球になる可能性も出てくる。

右バッターで「このピッチャーのインコースならいつでも打てる」というのであれば、それを待って三遊間へのゴロを狙ってもいい。左バッターで「スライダーを一二塁間に打つ自信があります」というなら、それを待てばいい。選手自身が考え、自分のすべきことを選択する。そのような意図を持ってバッティングしたのなら結果は問わない。

このような攻撃の仕方を採用してから、選手たちが自分のバッティングをより深く考えるようになった。毎日行うペッパーでも、一二塁間、三遊間、それぞれの方向にしっかり打ち分けようと意識している選手も多くなってきた。

## 三塁コーチャーはレギュラーであり、第2の監督だ

メジャーリーグでは、三塁コーチャーは球団の幹部候補生のような存在とされている。将来の監督候補といってもいいだろう。それくらい、三塁コーチャーの仕事はチーム的にも戦術的にも重要である。

三塁コーチャーは、野球を深く理解していないとできないポジションだ。三塁コーチャーが腕を回せば、ランナーはホームを目指す。そして、そのセーフになった回数が、勝敗を分ける。「回すか、止めるか」という重要な判断を瞬時に下

し、しかもその成功率が高くなければ三塁コーチャーは務まらない。

また、三塁コーチャーは守備時に他のポジションをこなしながら、攻撃時は三塁コーチャーというような並行したやり方で務まるようなポジションではない。試合中はずっと気を張り、流れを読み、頭をフル稼働させていないとできないポジションなのだ。

三塁コーチャーに求められる資質。それは「野球を知っている人間」、これに尽きる。私は、三塁コーチャーはレギュラーであり、第2の監督だと思っている。私も大学4年生の時に三塁コーチャーを務め、その難しさは身をもって体験している。

三塁コーチャーにも、もちろんセオリーはある。一塁から二塁へ、二塁から三塁へ。この判断はランナーに委ねられる。しかし、三塁を駆け抜けてホームを狙うのか、止まるのか、その判断は三塁コーチャーにしかできない。二塁ランナーは、外野に飛んだ打球（レフト線以外）を見てスタートを切ったら、あとは三塁コーチャーしか見ていない。そのわずか数秒のうちに重要な判断を下し、それをランナーに伝える。「行かせるのか、止めるのか」、そのセオリーを覚えたら、あとは実戦で経験を積んでいくだけである。

2021年夏の甲子園に出場した時に、三塁コーチャーを務めていた山本凌大は、とても優秀なコーチャーだった。

山本は普段の練習では三塁手をしていたのだが、県大会が始まる直前の練習でランナーと交錯して左鎖骨を骨折してしまった。彼はこの骨折で「夏のベンチ入りはなくなったな」と思ったという。でも、私が「右手が回ればお前の仕事はできるやろ」と言うと、彼は「できます」と元気よく答えた。ベンチ入りを果たした彼は県大会でも、甲子園でも、三塁コーチャーの仕事を全うしてくれた。

うちでは、山本のように三塁コーチャー専属でベンチ入りする選手も珍しくない。野球の技術だけでなく「誰よりも野球を知っている」という頭があれば、それがチームの大きな武器になるのだ。

## データに頼りすぎてはいけない
### ——当日のライブ感覚を大切に

試合前のキャッチボールやノック、さらには試合の初回、相手の守備前の投球練習など……。この時にベンチ裏で休んでいるような監督は、正直に言って何も考えていない人だと思う。

初回、ノーアウト・ランナー一塁になった時、何のデータもなかったら采配の振りようがない。初回のノーアウト・ランナー一塁は、その試合の最初の山場といってもいい。そんな局面で相手ピッチャーの球威、キャッチャーの肩という重要なデータを欠いているようでは、監督など務まらない。

生のデータにしろ、試合前に集めたデータにしろ、データは戦う上でチームの貴重な戦力になることは言うまでもない。うちも夏の大会に備え、春の大会から各チームのデータを取り、実際に夏の大会が始まったら、対戦相手となるチームの試合は私自身ができる限り観戦に行くようにしている。

基本的に、私は自分の目で見たものしか信じない。実際に観戦できなかった場合は、映像やデータで判断する。人から聞く情報はおまけのようなものだ。自分の目で見たもの以外には、100%の信用は置かない。

私は相手チームの試合を観戦している時、「相手の隙」がどこにあるのかを探す。どんなチームにも必ず隙はあるので、その隙を見つけて実戦でそこを突く。

順番としては、まずピッチャーから見る。その次にキャッチャーを見る。その後は内野手、外野手と枠を広げていく。そうすると、必ずどこかに隙が見つかる。もし隙がないとしたら、それはないのではなく見つけることができていないだけである。

ただし観戦して感じたことを、必ずしも選手たちに伝えるとは限らない。むしろ、基本的には伝えないことのほうが多い。プロ野球のように、シーズン143試合を戦う中で集められたデータなら、その傾向などにも信頼が置ける。しかし、高校野球の場合は春の大会と合わせても数試合しか見ていないわけで、その数試合で集められたデータから、説得力のある相手の傾向などとても導き出すことはできない。

データを集め、分析することは大事である。でも、そのデータはあくまでも過去のものであるから、信用しきってはいけないと思う。

高校球児の成長は目覚ましい。球児たちは日ごとにアップデートされている。よって、過去の情報を知っておくことは大事ではあるが、それに頼りすぎてはいけない。事前に集めたデータは御守りだと思い、私の頭の中にしまっている。

私は試合当日の相手のキャッチボールやノック、そして試合が始まってから肌で感じたことを含め、トータルで判断していく。一番大事なのは、うちの選手たちが今までやってきたことをグラウンドで表現することだ。

シーズン中に毎週行っている練習試合では、データを参考にして戦ったりはしない。その日、その場所でそれぞれが感じたものをもとに勝負しているだけである。最後の最後に当てになるのはデータでも情報でもなく、ライブで感じた己の感覚であり、選手個々の感性なのだ。

## 練習試合では全員を出すべくスタッフで奮闘
### ――保護者に負担をなるべくかけないようにするのが倉敷商の伝統

シーズン中の週末は土曜が2会場、日曜は3会場で練習試合を行うようにしている。つまり、日曜日は3チームに分かれて練習試合をするのだが、その内訳はAとして1チーム、Bとして2チーム。コロナ渦も経験し、試合の重要性についても改めて考えさせられたことで、できるだけ3学年の選手全員に試合経験を多く積んでもらいたいという配慮から、近年はこのようなチーム構成で練習試合を行っている。

昔のように、1年生だという理由から試合に出ることもなく、ただ毎日練習をしているだけでは、選手たちもモチベーションを保つのが難しくなる。練習試合で1回でも打席に立つチャンスがあれば、次の土日までに課題ができて、それが練習に取り組むモチベーションにもなる。3チーム中、2チームは遠征となることが多いためスタッフは大変だが、選手たちのためにみんなで協力し合いながらがんばっている。

AとBの1チームは遠征、Bのもうひとつのチームがホームで練習試合を行うことが多い。遠征2チームはバス移動となる。

倉商は昔から、部の運営費などで保護者の方々になるべく負担をかけないようにする、というのが基本姿勢である。お金をかければいいものになるのは当たり前のことなので、どれだけお金をかけずにいい環境を作ってあげられるかを考え、いろんな方々のご協力を仰ぎながら部を運営している。ご協力いただいている方々には、この場を借りて御礼申し上げたい。
ちなみに、2023年にAチームが行った（あるいはこれから行う予定の）主な練習試合は次の通りである。中国地方を中心に関西エリアにも出向く。今年は大分にも遠征に行った。

3月　丸亀城西、佐賀西、
3月中旬の終業式後　大分遠征（明豊、大分藤蔭）
春休み中　宇部工、山村学園、花咲徳栄、履正社、昌平
4月　智辯和歌山、徳島商
5月　明徳義塾、報徳学園、兵庫遠征（社、滝川二）、高松商、明石商
6月　広島新庄、高知、宇部鴻城、神港学園、盈進
7月　広陵、香川西
8月　高田商、鳥羽、大阪桐蔭
9月　近畿遠征（8月に決定。例年は智辯学園、龍谷大平安、立

命館宇治、乙訓といったあたりが定番）
10月　明徳義塾、大手前高松、寒川
11月　興國

選手たちの競争意識を高めるため、ＡＢの入れ替えも随時行っている。Ｂの2チームを見てくれている渡辺先生、笠原先生、山下先生などと意見交換をしつつ、こちらから「内野手がひとり欲しい」などと要望を出すこともある。

選手たちには「ベンチの中でもアピールはできる。自分がチームにどう貢献できるか、常に考えなさい」と話している。

試合中、ベンチの裏で一生懸命バットを振っている選手がいたとする。選手として、出場に備えて陰で努力しているのはすばらしい。しかし、試合中はグラウンドでプレーしているチームメイトに対して「自分は何ができるのか？」を考えるのがチームプレーである。自分の結果を追い求めるのは否定されるものではないが、それは監督である私が求めているものとは違う。

チームとして戦っている以上、

「今、自分はチームから何を求められているのか？」を考えるのがもっとも大切だと思う。

## 卒業後の進路
### ――大学、社会人、プロ問わず、その選手にとって一番いい道を探す

野球部の選手たちの進路は、年によってだいぶ異なる。当然のことながら甲子園出場を果たした年度は、進学先の幅もかなり広がる。

高校野球の監督さんの中には、「〇〇六大学リーグに〇人行かせた」とか「〇人プロに行かせた」といったことを自分の業績として誇っている方もいるが、私はそこにこだわりはない。

プロの世界に行ってすぐに活躍できればいいが、そこまでの力がないと私が判断すれば大学進学を勧める。プロ野球でやっていくには、厳しい世界で戦っていけるだけの技術はもちろん、理論や覚悟、精神力を持っていなければならない。プロは憧れだけで通用する世界ではないのだ。

選手の希望が関東などの場合は、私自身の勉強も兼ねて一緒に練習参加に連れていく。本書でもご紹介した青山学院大にはまだ進学したOBはいないのだが、何度も練習参加に連れていって勉強させていただいている。

私が監督となった2019年度以降の野球部員の大学進学先は、次の通りとなっている。

**［2019年度以降の野球部員・大学進学先］**

●2019年度

同志社大、駒澤大、龍谷大、甲南大、中部学院大、金沢学院大、東北福祉大、大阪経済大、広島経済大、流通科学大、高知工科大

●2020年度

日本大、甲南大、大阪経済大、京都産業大、上武大、大阪商業大、広島経済大、中部学院大、千葉商科大、大分大

●2021年度

法政大、日本大、龍谷大、京都産業大、甲南大、福岡大、広島修道大、流通科

学大、九州産業大、大阪産業大、東京経済大、岡山商科大、吉備国際大

●2022年度

立命館大、福岡大、松山大、広島修道大、広島経済大、名城大、金沢学院大、大阪経済大、東京経済大、摂南大、川崎医療福祉大、岡山理科大

以上が主な進学先だが、卒業後の進路を考える上で一番大切なのは、選手自身の気持ちである。だから私は、選手の希望を聞いたら、その選手の特徴、性格などに合った学校を紹介するようにしている。

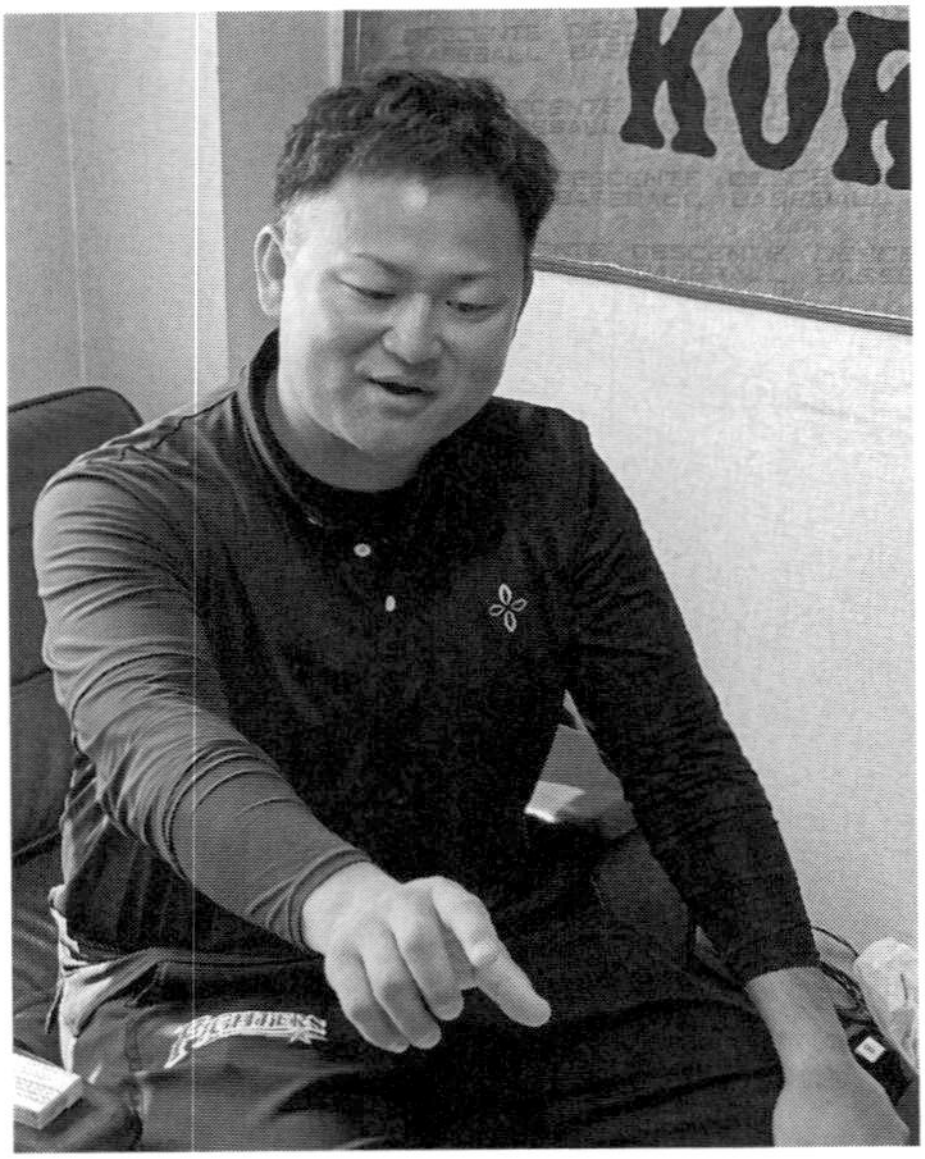

終章

# 岡山悲願の夏の甲子園優勝を成し遂げるために

## 岡山の高校野球のこれから

### ――唯一の全国優勝経験がある門馬監督の存在

序章でお話ししたように、岡山の高校野球は私学が力を付けてきている一方で、公立勢が一昔前に比べるとだいぶ勢いが衰えてきてしまったように思う。

次項で詳述するが、岡山の高校は夏の甲子園で優勝したことがない。と同時に、岡山で夏の全国制覇を経験している監督さんもいなかった。だが、東海大相模で甲子園4度優勝のうち、2015年夏の全国制覇を成し遂げた門馬敬治監督が、2022年に創志学園にやってきた。

私の究極の目標は、夏の甲子園で全国制覇を成し遂げることである。そのためには、選手と一緒に私自身もいろいろな経験を積んでいかないといけない。だからこそ、練習試合や勉強会などでお会いした全国の監督さんたちとも積極的に交流を図り、お話を伺うようにしている。

そういった中で、門馬監督が創志学園に来てくださったのは、私にとっても、そして岡山の高校野球界の発展にとっても、計り知れないほどの恩恵をもたらしてくれるはずである。門馬監督は岡山県内で唯一、夏の甲子園の頂上への上り方を知っている方だ。門馬監督の野球は、岡山の高校野球にとってのひとつのバロメーターになる。私たちが創志学園の野球に触れ、そこから学んだことはチームにとって貴重な財産になることは間違いない。門馬監督が岡山に来てくれて、本当によかったと私は思っている。

もちろん、門馬監督率いる創志学園に勝たなければ甲子園には行けないのだから、倉商の監督として本音を言えば不安も多少はある。でも、創志学園の壁を越えないと、甲子園出場も全国制覇もあり得ない。だから、門馬監督の胸を借りて戦っていくしかない。

本書で述べたように、門馬監督が就任した直後、創志学園とは練習試合で一度対戦した。そしてその時、門馬監督から「お互いに切磋琢磨して、岡山のレベルを上げていこう」と言っていただいた。岡山県の学校が甲子園の深紅の大優勝旗を持って帰ろうと思った時に、私たち県内の指導者は「自チームさえよければいい」という考え方から、「お互いに高め合う」というもう一段上のステップに踏み出す勇気を持たないといけない。私はそれを、門馬監督に教えていただいたような気がする。

今までは、県内の強豪同士が練習試合をするということは滅多になかった。しかし、岡山にやってきた門馬監督は、そんなことはまったく気にせず、私にも「練習試合をしましょう」と部長を通して連絡してきてくれた。

門馬監督は、岡山の高校が今後やっていかなければいけないことのひとつの指針を、我々に示してくれたのではないだろうか。岡山の指導者が、今までは「それはどうなんだ?」と思っていたことや避けてきたことに、少しずつ取り組んでいくのだ。創志学園とうちが練習試合をしたように、もっと積極的に県下の学校同士が交流を図り、お互いの考え方、やり方をさらけ出すようなことがあってもいいと思う。

近隣の山口県では、秋の大会で負けたチームが、中国地方の他県の大会の映像を撮りに行くという。その後、集められたデータは、中国大会に出場する山口県代表チームに提供されるそうだ。私はこの話を聞いて、素直にすごいと感じた。岡山にはまだ、そのような挙党体制を組んでいく土壌はない。だが、夏の甲子園出場が決まったチームを、県内の学校みんなでバックアップしていくような体制作りは、県悲願の夏優勝のためには急務といえるのではないだろうか。

1世紀以上、岡山の学校が夏の甲子園で優勝できていないということは、よほど考え方を変えて、いろいろなことに取り組んでいかなければならないのはたしかである。

## なぜ100年、夏の甲子園で一度も優勝がないのか？

前項で触れたように、100年を超える夏の甲子園の歴史において、岡山県内の高校が優勝したことは一度もない（センバツでは一度だけ、1965年に平松政次さんを擁して岡山東商が優勝している）。

私は、岡山の高校野球のレベルが低いとはまったく思っていない。しかし、岡山県が優勝していないことによって、中学生の有望選手が他県に流出しているのは事実である。

また、岡山には強豪校が多く、選手が分散しているという側面もある。だが、この分散は防ぎようがなくても、流出は防げる（減らしていける）。有望選手の流出を、どう減らしていくか。これを、岡山全体の問題として捉えていくことが重要だと思う。

岡山県のレベルを上げていくには、若い指導者がどんどん出てくるような環境作りも必要だとかなり前から感じている。

岡山には高校野球の監督会があり、監督会主催の勉強会も定期的に行われている。この監督会の交流をもっと密にして、若い指導者が強豪校に気軽に見学に行けるようなシステムがあってもいいのではないか。

例えば、「〇〇高校は〇日と〇日は開放されています。事前予約などいらないので、興味のある指導者の方は見学に行ってください」というような形で見学を可能にする。そしてその際に、そこの監督やコーチに質問をするのもOKにする。若い指導者の中には、「自分などが強豪校に見学に行っていいのか？」と思っている方もきっといるはずだ。そういう方々に、岡山県全体が門戸を開くのだ。

指導者が早い段階で高いレベルの野球に触れるのは、とても大切なことである。

岡山県の私たち指導者が高いレベルに行かないと、当然のことながら選手のレベルも上がっていかない。つまり、岡山県のレベルを上げるには、指導者自身が成長していくことが一番なのだ。

## 甲子園でチャンピオンになるために必要なこと

私たちが甲子園でチャンピオンになるためには、それなりの段階を踏んでいかなければならないことはよくわかっている。明豊の川崎絢平監督、北海の平川敦監督など、甲子園の決勝に進出した経験のある監督さんたちに話を伺うと、みなさんともに最初から頂点を意識してはいなかったと言われる。川崎監督や平川監督とは、お会いするたびにいろんなお話を伺うようにしている。甲子園という大舞台にたびたび立たれている名将から、そのエキスを分けていただくのも大切なことである。

甲子園でチャンピオンになるために必要なのは、初戦敗退であっても、できる限り連続して甲子園に出場することだと思う。甲子園に当たり前のように行くからこそ、選手たちが「甲子園で勝つにはどうしたらいいのか？」を考えるようになってくれる。私が「選手たちを甲子園で勝たせてあげたい」と願って指導することより、選手自身が「甲子園で勝ちたい」と思う環境を作ることのほうがはるかに重要なのだ。

そのためになすべき私の仕事の第1ステップは、選手たちを甲子園に連れていくことである。とにかく連続して甲子園に出場する。最低でも3年に1度は出場すれば、甲子園を知っている代が必ずグラウンドにいることになる。甲子園常連校の監督さんたちに聞いても、「甲子園経験者を絶やさないことが大切だ」と必ず仰る。

倉商の監督となって、2023年夏で丸4年となる。幸いにも4年の間に2回、甲子園を経験させてもらった。少しずつではあるが、甲子園で戦う上で必要なものをいろいろと感じるようにもなってきている。

私が甲子園で学んだことを、選手たちに伝えていく。そして甲子園でひとつ勝った、ふたつ勝った、みっつ勝った、ベスト8になったと経験を積んでいくうちに、後輩たちは自然と「先輩の壁を越えよう」と思うようになるはずだ。だから、まずは岡山で勝てるようになり、できるだけ多く甲子園に出場する。私の究極の目標を成し遂げるためにも、その第1ステップから始めていきたいと思う。

## 強豪私学が強いのには、必ず理由がある

本書でも何度かお話しした明徳義塾の馬淵監督とは、春と秋に必ず練習試合をしていただいている。馬淵監督の野球は、見ていて本当に勉強になる。あれだけ安定して甲子園に出続けられている理由は、ひとえに馬淵監督の我慢強さ、辛抱強さにあると思う。「耐えて勝つ」という馬淵監督の野球は、私たち公立校の教科書である。

練習試合で言われた「我慢せーよ」の一言。公式戦でも、未だに自分の我慢のできなさ加減に辟易《へきえき》することがある。そしてそのたびに、馬淵監督の一言が心に蘇り、「自分はまだまだだな」「俺は弱いな」と反省している。

私は今、「甲子園で優勝」という頂に向かって、階段を少しずつ上っている。私が今どの地点にいるのか、階段の何段目にいるのかはまったくわからない。私が生きているうちに、頂に上り詰めることはできないかもしれない。でも、私はそれでもいいと思っている。大切なのは、頂が見えなくても階段を上り続けることである。

強豪私学と練習試合をすると、勉強になることばかりである。甲子園で勝つためには、甲子園で勝っている監督さんに話を聞くことほど参考になるものはない。ダブルヘッダーの合間の昼食時間や、試合後にちょっと時間を作っていただき、私は恥をさらけ出して「こういうことで悩んでいるんですけど」「こういう時はどうしたらいいんですか?」と積極的に質問するようにしている。

智辯和歌山とは毎春、練習試合をしていただいている。2021年夏に智辯和歌山が甲子園で優勝した時、「シーズンオフは自主練習期間を1か月ほど設ける」という練習方法がメディアでたびたび取り上げられた。選手の自主性に任せるこの練習方法によって、智辯和歌山はより強くなったということなのだが、その記事だけを見ると、その1か月間は「練習はすべて選手に丸投げ」のようにも読み取れた。

そこで練習試合をした際、中谷仁監督に「あの自主練習って、どういう狙いなんですか？」と聞いてみた。すると中谷監督は、決して選手に丸投げしているわけではなく、逆にシーズン中より選手とのコミュニケーションは密にして、それぞれの悩みを聞いたり、どういった練習に取り組んでいけばいいのかを一緒に考えたりしているそうだ。その上で、練習の内容自体は選手たちに任せているのだと中谷監督は私に教えてくれた。選手たちが自分の課題や目的を意識できる環境を作り、指導者はコーチングできる態勢を常に整えておく。それができて、本当の意味での自主練習が可能となるのだろう。

２０２３年のセンバツで、報徳学園は準優勝を果たした。現在、報徳学園は大角健二監督のもと、オリックスや阪神で活躍した本校ＯＢの葛城育郎さんがバッティングの指導をされている。２０２２年に練習試合をさせていただいた際、葛城さんは「高校野球はホームランなんてそうそう出ない。だから、低い当たりを意識して打線をつないでいかないといけない。簡単に空振りせず、粘る。逆方向に強い当たりを打てる。全員がそういうバッティングをできるようにしないといけない」と打撃担当の伊丹部長に話されていた。そして、センバツで準優勝した報徳学園の戦いぶりはまさにその「つなぐ野球」だった。指導されていることを、選手たちは見事に体現していた。

何も知らない人が見れば、「報徳学園は粘り強いバッティングをするな」くらいの印象だと思う。でも、実際に現場で話を伺うと、指導を受けたことに選手たちが真剣に取り組み、試合で実践していることがよくわかる。勝利には、必ず裏付けがあるのだ。

私たちのような公立校は、「私学は高い能力を持つ選手が揃っている。だから勝っている」で片付け、自分たちは「環境が整っていない」「公立だから選手が獲れない」と言い訳をしてしまいがちである。指導者自身の指導能力、指導者のクリエイティブさなどを棚上げして、「強豪私学はいい選手ばかり集めているから」と批判するのはおかしい。そんなことを続けていたら、いつまで経っても公立校のレベルは上がっていかない。強豪私学が強いのには、強いなりの理由がちゃんとある。私たちは謙虚に、それを学んでいかなければならないと思う。

## 公立校として、岡山で常勝を続けていく

私は公立校の監督として、強豪私学に勝つ難しさを理解しているし、強豪私学と対戦する時はやはり燃える。ただ、高校野球の捉え方として、安直に「公立」「私立」とカテゴリー分けされたくない。2019年に明治神宮野球大会に出場した際には、「公立の雄」とか「唯一の公立校」などとメディアでも取り上げられたが、私自身がそこまで公立、私立を意識しすぎているわけではない。

でも、もしも倉商のがんばりが全国の公立校の活力になるのなら、私たちは喜んでみんなの栄養剤になりたい。「倉商は公立で県内の選手しかいないけど、それでも強豪私学に勝てるじゃないか」「だったら俺たちにもできるはずだ」と、どこかの公立校が励みとしてくれるならうれしい。そのためにも、私たちは結果を残し続けていかなければならないとも思う。

今、全国の強豪私学の頂点に君臨しているのは、大阪桐蔭であろう。高い壁だ

が、私も大阪桐蔭をいつか甲子園の舞台で倒したい。大阪桐蔭は私学のトップであって、公立のトップではない。私は大阪桐蔭に勝つのは、公立のトップだと思っている。だからまずは、倉商を公立のトップにしなければならない。

甲子園で大阪桐蔭ともし対戦したら、正々堂々とは戦うが正攻法の戦い方はしないかもしれない。大相撲では、横綱だって平幕に負ける時がある。大阪桐蔭と10回対戦して1回しか勝てない実力差だとしても、その1勝を甲子園で実現できればいい。

2020年の交流試合で仙台育英と対戦した時には、まさにその戦い方を実践した。10回やって1回勝つための準備、練習をしたのだ。自分たちよりも戦力的に上、技術的に上のチームにどうやって勝つか？　私たちは、それだけを考えて常日頃から練習に取り組んでいるので、大阪桐蔭に勝つチャンスは十分にあると思っている。

本書をお読みの方の中には、私のように公立校で指導をされている方もいらっしゃるかもしれない。私はそんな同志のみなさんに、「私たち公立校でも、強豪私学と渡り合えますよ」と声を大にして言いたい。「どうせ自分たちは公立だから無理」という言い訳は、せっかく自分の高校に集まってきてくれた選手たちにも失礼だと思う。

倉商野球部に入ってくる選手は、「甲子園に行きたい」と思って来てくれている。全国の公立校の中にも、同じような志を持って野球をしている選手がたくさんいると思う。その志に、我々指導者が負けることがあってはいけない。私たちは選手以上の志を持って、強豪私学に挑んでいかなければならないのだ。

公立校のがんばりが、これからの高校野球を盛り上げることにもつながる。近年の甲子園では、「ベスト8を前に公立校はすべて姿を消しました」といった報道をよく見かける。そういった環境の中で公立校が勝ち残っていけば、甲子園がまた違った盛り上がりを見せるだろう。2018年夏、金足農の活躍で甲子園がものすごい盛り上がりを見せたが、あれも金足農が公立校だったからである。

公立校ががんばれば私学もがんばり、結果として高校野球界全体を盛り上げることになる。全国各地で公立校が活躍してくれれば、それは私の励みにもなる。みんなでそうやって刺激し合いながら、それぞれの公立校が成長していけばいいと思う。

## OB会は現場のマイナスであってはならない

歴史のある伝統校だとOB会の力が強く、現場に圧力をかけてくることも珍しくないようだ。負けが込み始めると、OB会の重鎮が「こんなのはうちの野球ではない」と監督に文句を言ってきたりするという話もよく耳にする。

倉敷商の野球部は90年以上の歴史がある。OB会ももちろん存在しているが、長谷川先生含め歴代OB会の方々の「OB会は現場のマイナスであってはならない」という考え方（OB会の規約にもそれは明記されている）が浸透しており、OB会が現場に介入してくるようなことは絶対にない。

OBの方々が練習を見に来るということもまったくなく、これは「練習を見に行っても現場の邪魔になるだけ。チームの足手まといになるようなことはしない」という意識がOBのみなさんの中にあるからだと思う。散歩の途中で、ネット越しに練習を見ているOBの方はいるのかもしれないが、バックネット裏でふんぞり返って練習を見るようなＯＢは倉商にはひとりもいない。これは本当にありがたいことだし、私たちは恵まれた環境に置かれていると思う。

ＯＢ会と同じく、常に私たちを支えてくれている保護者会も、チームのことだけを考えていつも動いてくれている。ＯＢ会も、保護者会も、野球部にとって本当にありがたい存在だ。私たち指導陣は、そんなＯＢ会や保護者会に、勝利で恩返しの気持ちを示していくだけである。

私たちが高校野球をできるのは、いろんな人の支えがあるからに他ならない。野球部への理解、物心両面のサポートも当然必要となってくるが、約90年の歴史を誇る我がＯＢ会が、金銭的なバックアップであったり、まわりの雑音をシャットアウトしてくれたりと、チームをしっかり守ってくれている。

夏の大会の応援に駆け付けてくださるたくさんのＯＢの方々の存在も、チームにとってはとても心強い。今後も甲子園に出場することがあれば、甲子園に出場できなかったＯＢの方々の悔しさも背負って、我々は全力で戦っていきたい。

選手たちに対しても、「親への感謝、ＯＢへの感謝、学校関係者への感謝、地域への感謝、これを絶対に忘れてはいけない」といつも言っている。

岡山の公立校として、県に対してもとても感謝している。このような恵まれた練習環境があって、毎日思い切り野球の練習ができるのも、県のバックアップがあってこそである。支えてくださるすべての方々に対して最大限の感謝心を持ち、これからもチーム一丸となって戦っていきたい。

## 「人」という財産を残していくのも私の使命
### ——甲子園出場8・3回を目指して

2019年秋に中国大会で初優勝して、センバツの吉報が届いた日、長谷川先生からLINEが送られてきた。そこには、

「0・3」

続けて、

「意味がわかりますか?」

と記されていた。

考えに考え、悩みに悩んだが、まったく意味がわからない。伊丹部長などにも

相談してみたが、一向に正解が見つからない。

「0・3」の意味は結局わからず、私は長谷川先生に正直に「すみません。わかりません」と返信した。すると、長谷川先生は「お前にとって1回目の甲子園だが、それを〝1〟とカウントしないように。そのうちの〝0・7〟は前任の森光先生の力だ。今回の出場をカウントするならば、梶山の分は〝0・3〟だ」と。

私はそう伺って、「いや、そういう意味なら私など〝0・1〟にも満たないです」とお返しした。

長谷川先生は監督として春夏通算7回、甲子園に行っておられる。私は、恩師の業績である「7」を超えるべく監督となった。だから、私は車のナンバープレートも「8」にしている。甲子園でも、倉商はベスト8の壁を越えられていない。「8」という数字にはそういった意味が込められているのだ。

だから、それまでの私は、自分のノックバットのグリップにも「8」と記していたのだが、以降は「8・3」に変更した。

私は母校に戻って監督となり、「長谷川先生の甲子園出場7回を超え、自分で8回出場したら、その8回目を長谷川先生に贈って監督を辞める」という夢を描いた。私が監督として、甲子園に8回も出場できるかどうかはわからない。しかし、それが無謀な挑戦だとしても、私はそこを目指していきたい。そうでなければ、私が母校に戻って監督をしている意味がなくなってしまう。

だが、私より倉商の勝つ確率を高めてくれる指導者が現れたら、今すぐにでも監督を代わりたいと思っているのも事実である。代わりたいというのは辞めたいということではなく、ぜひそうしてほしいのだ。倉商のために。

私が監督をしているのは、倉商の選手、関係者、ＯＢに喜んでほしいからだ。勝利してみんなが喜ぶ姿を見るのが、私にとってのこの上ない喜びである。

今はまだ、「甲子園8回出場」と「全国制覇」を考えて邁進していくが、ゆくゆくは「こいつに倉商を任せたい」「託したい」と思えるような指導者を育成することも考えていかなければならない。これまでの歴代監督や長谷川先生、森光先生がそうされてきたように、私も倉商の未来を考えていく使命がある。

「金を残して死ぬのは下。事業を残して死ぬのは中。人を残して死ぬのが上」という言葉がある。この意味でいえば、長谷川先生や森光先生は県内外問わず、多くの指導者を輩出しているので、上の上、特上だ。

私は監督になってまだ4年目なので、教え子が教員になったり、指導者になったりということはない（教員や指導者を目指してくれている教え子は複数いる）。今後、そういった志を持つ多くの後輩を生み出していくことが、倉商のためでもあるし、球界の発展にもつながると思っている。

今まで倉商が挙げてきた成果は、歴代の監督や長谷川先生、森光先生が作ってきたものだ。だから、私の指導者としての真価が問われるのは、これからだと理解している。そして、何年後になるかわからないが、私が監督を辞めた後に私に対する正しい評価が下されるのだろう。その時が来るまで、私は自分のやるべきことをやっていくだけである。

## 35歳にもなって本気で泣ける仕事に感謝
### ——私にとっての高校野球とは？

私にとって、野球は人生そのものである。野球と家族が、私の生きる理由のすべてだといっていい。家族がいるから野球に専念できる。家に帰れば、勝とうが負けようが、妻はいつも同じように私を迎えてくれる。妻は野球をあまり知らないのだが、知らないからこそ私は救われているように思う。こんな私を支え続けてくれている妻には、心から感謝している。また、5歳を迎えようとしている一人娘に「パパ、おつかれさま」と言われると、すべての疲れが吹き飛ぶ。

私は野球を愛し、家族を愛し、そして倉商を愛している。そう考えると、私が中学3年の時に倉商に入るきっかけを与えてくれた、当時のキャプテンである池田誠さんにも感謝しなければならない。勝つよりも大切なことが、倉商に来てたくさん見つかった。倉商に入学して長谷川先生と出会い、私の人生は決まった。私を支えてくれた人たちとの出会いも、私の人生をいい方へ、いい方へと導いてくれた。人は自分の人生を、自分で切り拓いていっていると勘違いしがちだが、本当はまわりの人たちに導いてもらっているのだと思う。

同級生に会うと、「お前、監督しんどいやろ?」と言われる。私はそう言われると、必ずこう返す。

「お前な、仕事していて、35歳にもなって本気で泣くことある? 涙を流す? 流さんやろ? 俺の仕事はめっちゃいいぞ。悔しい。うれしい。選手たちや生徒たちの成長が楽しい。〝俺ってダメやな〟と気づく。家に帰って〝疲れたー〟って言いながら、また野球のことを考える。テレビを見ていて〝このフレーズいいなあ〟と思ったら、明日選手たちに言ってみようと思う。こんなにも感情が揺さぶられる仕事、他にありますか？　ないでしょう？」

と。

私は今、とても幸せである。

監督業の楽しさ、苦しさの比率を表すとすれば、楽しいこと2割、苦しいこと8割で、苦しいことのほうが圧倒的に多い。でも、苦しいことのほうが多いから、2割の楽しいことがより楽しくなるし感動もできるのだ。

1年のうちでもっとも苦しいのは、夏の大会のベンチ入りメンバーを決める時である。本当なら3年生全員をベンチ入りさせてあげたい。でも、ベンチには20人しか入れない。試合にも勝たなければならない。当然、誰かが外れることになる。それを選ぶのが、負けることよりも苦しい。

メンバーから外れても自分の居場所や役割を見つけ、チームのために力を尽くしてくれている最上級生には、感謝と敬意しかない。毎年のことだが、ベンチに入れなかった3年生たちを、何とか甲子園に連れていきたい……と強く思う。

学校の授業で生徒にたまに話すのだが、人は高くジャンプしようとする時は、一回かがむ。高いところに行こうとしているのに、逆に一度態勢を低くする。これは足のバネの力（屈伸の力）で飛ぼうとして、一旦縮んでいるからである。私は人生も、この動きとまったく同じだと思う。

目標が遠くに見えるのは今、自分が膝を曲げているからだ。だから今、目標が遠くに見えても、この後ジャンプして手が届くかもしれない。ただ、人生は自分が縮んでいるのが見えない。だから苦しい。でも、苦しくてもあきらめてはいけない。なぜなら、あなたは今、大ジャンプをする直前かもしれないからだ。

ジャンプの前は、縮めば縮むほど大きなエネルギーが生まれる。だから私は、「甲子園で優勝する」という目標がどんなに遠くに見えても、絶対にあきらめない。夢が実現しないのは、その夢をあきらめてしまったからである。

私は夢を、目標をあきらめない。その思いを持ち続け、そしてその思いをつないでいく。私はその最高責任者として、今この場にいる。それがたまらなく楽しく、幸せでもある。

# おわりに

本書では、私がどのような考えで選手たちと接し、伝統ある倉商野球の新時代を切り拓いていこうとしているかを、可能な範囲で包み隠さずお話しさせていただいた。

「はじめに」でも触れたように、本書出版の話を竹書房さんからいただいた時は、「私みたいな若造が……」と逡巡《しゅんじゅん》した。私などよりふさわしい人、私より実績を上げている人、私より野球を知っている人、私より必要とされている人が、世の中にはたくさんいるはずである。私は、高校野球界でまだ何も成し遂げていない。そんな自分が、人の手に取ってもらえるような内容の本を、作り上げることができるとはとても思えなかった。

「お断りするしかない」

私はそう結論づけた。ただ、断るにしても、長谷川先生にだけはお知らせしておこう。そう思って、長谷川先生にご報告の電話を入れた。電話をする前は、「当たり前だ。お前みたいにケツの青い人間が何を言っとるんだ」と戒められて終わりだろうと想像していた。しかし、実際にお話をして「断ろうと思うんです」と相談すると、長谷川先生は「それを決めるのはお前じゃない。出版社からオファーが来るということは大変光栄なことで、必要としてくれている人がいるということだ。お前の評価をするのはお前じゃない。このチャンスを生かすべきだ」と仰った。

倉商の監督になって、2023年の夏で丸4年になる。他のベテランの監督さんたちに比べればわずかな年数かもしれないが、この4年間で多くの経験をさせていただき、とても濃密な時間を過ごしている。

2019年に中国大会で初優勝をして明治神宮野球大会に行ったり、センバツ出場がコロナ禍で中止になったり、その後の交流戦で甲子園を初体験したり、2021年には倉商として9年ぶりに夏の甲子園に出場したり……。4年間でいろんなものをつかみ、いろんなものを手放し、いろんなものが逃げていき、いろんな苦楽を経験させていただいた。

「本を作り、この4年間を振り返ることで、改めて自分がこれからどうしていくべきかを考えるきっかけになるのではないか?」

「本作りが、自分を成長させてくれるのではないか?」

「ひいては倉商のため、後輩たちのためになるのではないか?」

もちろん、本を出すことはメリットばかりではなく、デメリットもあるだろう。でも、これから先も倉商の監督を続けていくのであれば、私はそのすべてをプラスに変えていかなければならない。長谷川先生の言葉に後押しされ、私は本を出そうと決意した。

今、こうして自分の野球人生を振り返ってみて、自分がある程度成長していることは確認できたが、「この成長ペースで、甲子園優勝に辿り着けるのか?」という疑問も新たに出てきた。このペースでは、到底全国制覇など成し遂げられない。そこに気づくことができただけでも、本書を作ってよかったと前向きに捉えようと思う。自分で作った本から、

「おい、お前はもっと成長しないと、倉商を勝たせることはできないぞ」

「後輩たちを甲子園で優勝させることはできないぞ」

と言われた気がする。

本書を記し、改めて「もっと野球を勉強しなければ」「もっと謙虚でいなければ」と自戒すると同時に、「野球って楽しいな」「俺は野球が好きなんだな」と再認識することができた。また、私は倉商で本当の野球を知り、野球の楽しさを知り、勝つ以外の大切なものを知ることもできた。

今、こうして選手たちと一緒に母校で野球ができていることは、感謝以外の何物でもない。今まで私を支えてくださった方々、そして今私を支えてくださっている方々、そのすべてのみなさまに感謝の意を表するとともに、最大の恩返しである「全国制覇」を目指して倉商野球を高め、究めていく所存である。

2023年7月
倉敷商業野球部監督　梶山和洋

# 心×技×体×頭＝倉商野球

2023年８月17日　初版第一刷発行

著　　者／梶山和洋

発 行 人／後藤明信

発 行 所／株式会社竹書房
〒102-0075 東京都千代田区三番町8-1
三番町東急ビル6F
email：info@takeshobo.co.jp
URL　http://www.takeshobo.co.jp
印 刷 所／共同印刷株式会社

カバー・本文デザイン／轡田昭彦＋坪井朋子
カバー写真／日刊スポーツ（アフロ）
取材協力／倉敷商業野球部
特別協力／伊丹健
編集・構成／萩原晴一郎

編 集 人／鈴木誠